FREAKY HIS

怪诞历史

朱广思 著

荒诞有趣的历史知识

北京日报出版社

图书在版编目（CIP）数据

怪诞历史 / 朱广思著 . -- 北京：北京日报出版社，
2025. 7. -- ISBN 978-7-5477-5149-7

Ⅰ . K109

中国国家版本馆 CIP 数据核字第 20257X8B84 号

怪诞历史

出版发行：北京日报出版社

地　　址：北京市东城区东单三条 8- 16 号东方广场东配楼四层

邮　　编：100005

电　　话：发行部　（010）65255876

　　　　　　总编室　（010）65252135

印　　刷：运河（唐山）印务有限公司

经　　销：各地新华书店

版　　次：2025 年 7 月第 1 版

　　　　　　2025 年 7 月第 1 次印刷

开　　本：880 毫米 ×1230 毫米　1/ 32

印　　张：8.5

字　　数：180 千字

定　　价：48.00 元

目录

contents

第五章 古代宠物的生活

第一章

那些奇奇怪怪的古代"黑科技"

为了飞上天，古人开了怎样的脑洞

挣脱地心引力在空中翱翔，一直是人类的梦想之一。在世界各国的古代神话传说中，神仙都拥有在空中飞行的能力。从身体结构看，人类没有翅膀，但人类因此就不能飞了吗？

✳ 单靠精神力，能够实现人体飘浮吗？

很多电影中的超能力者，都有靠思维移动物体的能力。古代还真有类似的文字记载。佛教传说中，9 世纪的印度高僧甘札巴（Ghantapa）就可以在空中飞行。在纪晓岚的《阅微草堂笔记》中，也记载着两个人驾着一个老翁飞行几百里地的故事。

但是，目前关于脑电的研究显示，精神力通常是无法直接转化为明显的物理力量的，即便通过放大设备，也仅仅能达到可观察的程度，很难达到推动物体的程度。

✳ 最早的火箭

在凹凸不平的月球表面上，一共有 6 座用中国人的名字命名的环形山。享有这一殊荣的 6 名中国人分别是：战国《甘石星经》作者石申、汉代天文学家张衡、南北朝数学家祖冲之、元朝天文学家郭守敬、近代天文学家高平子，以及身份堪称神秘、有着"世界载人火箭第一人"之美誉的明代人万户。

关于万户，中国的史书中并没有记载。万户被现代科学界注意，这就要说到美国火箭学家赫伯特·S.基姆（Herbert S.Zim）。1945 年，基姆在《火箭和喷气机》一书中记述了这位载人航天先驱在 14 世纪末的一次壮举。相传万户（Wan Hoo）是个木匠，并与一名叫"班背"的将军有交集。万户喜欢制作各种精密器械，班背喜欢研究各种火器，两人一拍即合，共同设计了"飞天椅子"，希望像嫦娥一样飞向月球。万户把自己设计的射程达 1000 米的 47 支火箭（相当于现在"钻天猴"的放大版）绑在椅子背后，自己手持两个大风筝坐在椅子上，然后命仆人按口令点燃火箭。这些火箭随即发出轰鸣，喷出火焰，转眼之间万户就在火焰和烟雾中消失了，世界首次火箭飞行尝试就这样失败了。

很多人一看万户的火箭椅子，就会脱口而出：人的体重太重，

万户飞天想象图

根本无法飞起来。其实，即使火箭的推力足够大，万户的椅子也无法飞起来。首先，所有的火箭不可能同时点火，这样必定造成火箭的推力不均匀，就像抬桌子的时候一圈人不同时用力一样，只能让桌子摇晃几下，而无法抬起来。另外，每个火箭的燃烧效率无法保证相同，推力有可能差别很大，所以万户所坐的椅子有可能会因为多方受力不均匀而发生撕裂，这也就解释了万户为什么"凭空"消失了。

16 世纪中叶，即明朝中期，中国发明了一种叫"火龙出水"的新式火箭，这是一种水陆两用的火箭，也是二级火箭的始祖。

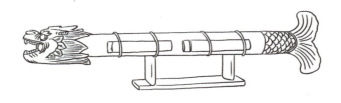

"火龙出水"模型

✳ "飘浮术"与魔术师

唐人段成式的《酉阳杂俎》中，记载了意念搬物、读心术、意念控制行为、空中飘浮术等超能力，虽然至今都没有得到主流科学领域的认可，但引起了魔术界的浓厚兴趣。

如今，魔术师们已经还原了其中的许多记载，尤其是关于人体飘浮的。很多魔术师能在众目睽睽之下，从地面腾空而起悬浮空中。有的魔术师能仅仅用一只胳膊贴着墙面，就在空中不掉下来，这种效果其实是通过衣服内隐藏的支架和假胳膊来实现的。已故巨星迈克尔·杰克逊，表演时将特制鞋跟上的凹槽挂在舞台特定位置，从而做出前倾的高难度动作，和这些魔术有着异曲同工之妙。

错位骗术：最简单的"悬浮"是利用观众观察角度的错觉。比如魔术师侧身对着大家，悄悄把靠内侧的脚从鞋子里抽出，用内侧脚跟和外侧脚夹住那只鞋子，内侧脚尖点地，就能形成一两秒"飘浮"的效果。有的魔术师用镜子映照半边身体，形成对称的完整人形，只需将一侧身体离开地面，就能使观众产生他悬浮在空中的错觉。美国的悬浮魔术大师克里斯·安吉尔，把裤子中的假腿跷在空中，自己单腿着地，从背后看也着实"欺骗"了不少观众。

　　隐性细线：有些魔术师能"不需任何支撑"在舞台上来回飞行。这其实也很容易：只要用两根结实细线（魔术师的特制道具，在1米以外就看不到）系在腰的两侧就可以了。至于飞行中为什么能穿过铁环，那不过是利用了人们在视觉上产生的错觉——通过将铁环在细线上巧妙地绕几圈来实现的。还有些魔术师可以在空中漫步，其实也是利用细线在"走钢丝"——当然，他一定有出色的杂技功底。

　　科技加持：人类还有一种办法可以让自己浮起来，那就是利用磁力或超导体。超导体是一种电阻为0的金属（一般金属温度降低到一定程度就会变成超导体，不同的金属所需要的温度不一样），它可以悬浮在磁铁之上。由牛顿第三运动定律可知，可使超导体上方的磁铁悬浮。诺贝尔奖得主、超导体专家安德烈·海姆就曾经通过给青蛙注射磁性液体的方式，让青蛙悬浮在超导体上方。可是在

现实中，恐怕没人会接受这种悬浮改造。电磁铁悬浮的原理和超导体类似，也是磁铁的同极相斥。磁悬浮列车就是利用这种原理，让两组电磁铁同极相斥，从而实现悬浮的效果。有些魔术师会在自己的鞋底、腰带或马甲中安装上磁铁等物，再利用舞台下安置的电磁铁让自己悬浮起来。

✳ 宇航员的昂贵失重训练

1961 年 4 月 12 日，苏联宇航员尤里·加加林成为第一个进入太空，也是第一次体会真正失重的人。宇航员训练时，为了模仿失重

尤里·加加林

环境，会用大型鼓风机制造强气流，让人体飘起来（魔术师偶尔也会用这招），但由于风力和风向难以精确控制，很容易造成事故。也正因为如此，宇航员的地面失重训练室的墙壁、地板都贴着厚厚的软垫。

宇航员们当然有办法在地球环境中体验真正的失重状态。虽然这些方法非常昂贵且短暂，可是对于需要在真正失重环境中工作的宇航员来说，却是必要的训练。如果你还记得中学物理课学到的知识，就明白自由落体状态下，物体是失重的，任何秤都测不出它的重量。宇航员们就利用这一原理，先驾驶飞机升到一定高度，再让飞机进行自由落体运动，这就可以在机舱中体验10~20秒的失重状态（当然要在坠毁之前再启动飞机，要不然代价可就太大了）。

后来又有人发现，让飞机斜抛运动，能造成更长时间的失重状态，但也只是几十秒（通过简单的物理运算就可以得知，时间 $t=\sqrt{2h/g}$，即使在2000米的高空开始自由落体，飞机也只能停留20秒左右，但实际上，还要减去重新启动飞机使之不会坠毁的时间）。

这本来是德国科学家1950年提出的想法，但是直到1958年，该设想才被美国用于其第一个载人航天计划——水星计划。

怪诞历史

水星计划

为美国宇航局（NASA）于 1958 年启动的美国首个载人航天计划，目标是将宇航员送入地球轨道，并让他们在那里进行科学实验和观测。

✳ 演员的"山寨"飘浮法

电影中的宇航员可不会选择这种费用昂贵、时间短暂且让人胆寒的方式拍电影。热门影片《地心引力》的导演就有很多省钱的妙招。除了纯粹使用电脑特技，宇航员太空行走的镜头还可以在水中拍摄，再结合灯光特效，制造出太空效果。

那女主角没穿宇航服时，在空间站内飘浮的镜头怎么拍呢？导演为此专门请了几位提线木偶大师，让他们来操纵女主角活动，再用特效把有提线的部分去掉。

虽然魔术师、宇航员、电影制作人和"超能力者"们都有各自"挣脱"地心引力的方法，但到目前为止，还没有充分证据表明，人类可以不借助道具飘浮在空中，以及这世界上存在能隔断地心引力的装置。

因此，我们要相信科学，不能盲目迷信"神功"，不给那些江湖骗术死灰复燃的机会。有些人可能会说："我们不能故步自封，认为超能力不可能。几百年前，电视机、飞机也都是人们想都不敢想的东西。"然而他们忽视了这个事实：这些进步只是人类思想和工具的进化，而人类的肉体，相比于古人则未必有进化。澳大利亚人类学家彼得·麦考利斯特通过对多种古人类的研究发现，现代人的体质，简直是有史以来最差的，远远比不上穴居人。

古人如何炼成"千年不坏之身"

一般来说，人死后尸身都会腐坏，除非经过防腐处理，比如制成干尸。世界上最有名的人工干尸当数古埃及的木乃伊了，古埃及人给尸体做内部防腐所使用的药物的主要成分是碳酸钠，也就是我们常见的苏打粉，是天然碱矿的主要组成部分，在很多岩石表面都可以找到这种白色粉末。由于它有吸水的特性，所以可作为一种干燥剂来对尸体进行脱水。至于木乃伊的外部，则会被涂上沥青。

阿布扎比卢浮宫展品

✳ 千年不坏的古人

在大自然中，也会形成很多天然的不腐尸，具体原理和人类制作各种不容易腐烂的肉食基本一样，无非由风干、腌制、冷冻等因素造成。

沙漠风干：沙漠干尸保持不腐的原理和木乃伊类似，都是靠脱水来抑制细菌生长。在高温和剧烈的空气流动（狂风和沙尘暴等）的作用下，尸体很容易快速脱水，从而保存下来。根据研究，干尸体内的器官因受到体内本来存在的细菌活动影响，会有不同程度的破坏，不过会由于环境恶劣而较早停止腐烂。在新疆和内蒙古的戈壁滩上，自然风干的古尸并不少见，著名的有楼兰古尸、吐鲁番古尸等。

沼泽浸泡：生活中除了风干肉，酱腌肉也是不容易腐烂的食物，而大自然也有"酱腌"尸体。在一些温度较低、空气不流通的酸性泥沼中，腐败菌的生长繁殖受到抑制，腐败变慢或停止下来，容易形成一种被称为"泥美人"的尸体，又被称作"鞣尸"。这种尸体的皮肤变得致密，好像皮革，骨骼和牙齿的钙质被酸性泥沼溶解，柔若无骨，非常奇特。此外，还有盐沼、碱性沼泽等，都可以将沉没其中的尸体保存。由于需要特殊的沼泽环境，中国发现的这类尸

体特别少，上海浦东东昌路明代古尸是其中一例。地势低洼的欧洲的不少沼泽中都曾出土不腐尸体，尤其是北欧，沼泽古尸更被当作魔鬼一类。

蜂蜜浸泡：由于纯蜂蜜的糖度极高，不含任何水分，没有哪种细菌可以在其中生活，所以蜂蜜浸泡的尸体也可以达到几百年不坏。在古代埃及等地，传说只要让人临死前只吃蜂蜜，待其死亡后将其放入盛满蜂蜜和树脂的棺材中就可以永远保存他们的尸体。不过话说回来，比起上述的那些不腐古尸，蜜渍人的数量非常少。

天然冰箱：冻尸在雪山上的发现频率相当高，它们往往能够保持不腐。其中，最著名的就是阿尔卑斯山上的冰人奥兹——一具可能有 5000 多年历史的古代人类尸体。冻尸的基本原理和冰箱类似，就是用低温抑制细菌的繁殖。冻僵的尸体和活人是最接近的，甚至刚冻死的人还有机会复活，只是成功的机会微乎其微，因为身体的每个细胞都含有液体，这些液体结冰后会膨胀，很容易胀破细胞，形成不可逆转的损伤，尤其是脆弱而水分丰富的脑细胞，它们一旦胀破就无法恢复。在解冻过程中，我们经常会发现，虽然尸体的外形保存得非常完整，但是眼珠子不见了，只剩下两个黑洞洞的窟窿。这是因为眼球的主要成分也是液体，胀破以后再解冻，就随着水流损失掉了。

013

马王堆"罐头"：古代中国人也希望能实现死后尸体不腐烂的效果，但是又对死者非常尊敬，于是就在棺材上想办法——有些树木质地非常好，不容易开裂，也不容易发霉，如果把尸体放到这样的棺材中，应该就没问题了。常见的优质棺木有梓木、柏木、杉木等，当然还有大名鼎鼎的金丝楠木，不过这些木材的价格都挺贵，基本上已经到了有价无市的地步。

将尸体密封在一副好棺材里头，棺材内便会呈现一种与世隔绝的缺氧缺水状态，各种细菌和真菌很难繁殖，从而实现长期不腐烂的效果，形成一种叫作"湿尸"的特殊尸体。随着时间的推移，一些水分会渗入棺材当中，形成棺液，这样会使尸体变软，更加有栩栩如生的"特效"。世界上首次被发现的古代湿尸，即马王堆出土的女尸——辛追就是凭借这样的技术而保持不腐。辛追能达到这种效果的关键点是：密封深埋导致的恒湿恒温、缺氧无菌。

马王堆棺椁

至于中国古代是否在下葬前把专门的防腐棺液注入棺材，学术界目前还存在很大争议。

✳ 如何还原前人的相貌？

对于古人遗体的研究，最重要的部分就是了解古人的真实长相。中国的古代画像往往比较抽象，让我们无法得知古人的真实相貌。但发现尸体后，就可以通过颅骨还原人的相貌。这种看似很新奇的技能早在清朝还没灭亡的时候就有了。

1877 年（清光绪三年），贝尔成立电话公司，爱迪生发明留声机，左宗棠收复新疆，日本处于明治维新期间……就在这全世界都很努力的年头，德国不太出名的解剖学家沙夫哈森最早提出了根据头骨来还原生前容貌的想法，他认为，人脸部的软组织的厚度是有规律的，只要知道头部各处的软组织厚度，就可以推测出头骨所有者生前的容貌。可是这位名字本来就不顺嘴的解剖学家竟然没有实际操作一番，或许这就是他不出名的原因。直到 6 年后的 1883 年，德国的另一名学者威尔克才对 13 具男尸的头面部软组织进行了厚度测量。

考古专家捏脸：根据苏联科学家 M.M. 格拉西莫夫的理论，头骨与面部之间的关系有四个特点。第一，每个人的头面部都是由皮肤、肌肉等软组织包裹头骨构成的。头骨是容貌的构架，就像房子的四梁八柱，五官和头面部的软组织附着在头骨的相应部位上，形态受头骨各部位形态和结构关系的影响和制约。第二，人在变胖或变瘦的过程中，除面颊部变化较大以外，其余部位的软组织厚度比较恒定。也就是说，胖子其实就是腮帮子胖，鼻梁、眼眶、额头、耳朵一般都不会堆积脂肪。所以朋友们还是尽量减肥吧，以免未来的人类学家无法复原出你的真实相貌，那可就真是"一胖毁所有"了。第三，根据研究，头骨可以反映出面貌随着年龄的变化和不同性别、不同种族的特征。第四，成年人的头骨个体形态比较恒定，很难发生变化。因此，根据这些固定的特点，用头骨来复原亡者的生前容貌是可行的。

巴赫重见天日：真正让颅骨还原技术大显身手，是"欧洲近代音乐之父""西方音乐之父"约翰·塞巴斯蒂安·巴赫的迁墓一事。

巴赫是德国人，出身于一个不折不扣的音乐世家。据统计，该家族从 16 世纪开始，300 多年出了 50 多位音乐家；巴赫的 20 个孩子中有 4 名是音乐家。或许是这一家人都太沉迷于音乐了，对时间和空间的记忆都比较差，竟然没有人按时祭拜，以至于到了巴赫去世（1750 年）100 多年后的 1895 年，德国莱比锡的圣约翰大教堂翻修时，大家才发现巴赫坟墓的具体位置已经无法辨认。巴赫活着的时候知名度并不高，死后 50 年几乎就被粉丝们遗忘，死后 100 年左

右才被大伙捧上神坛，成为音乐史上最重要的人物之一。有些知情人士模糊地记得，巴赫被埋在一号地块，棺材是橡木的，距离教堂南门非常近。人们费了很大力气，才找到一具貌似巴赫的老年男性

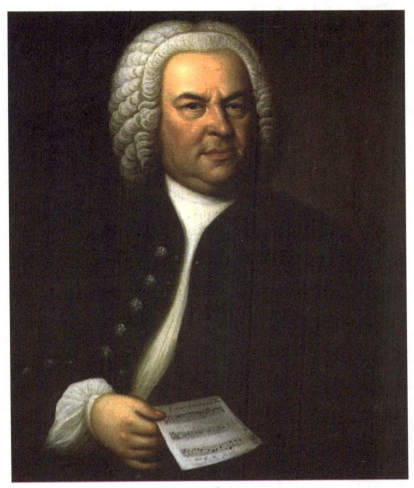

巴赫

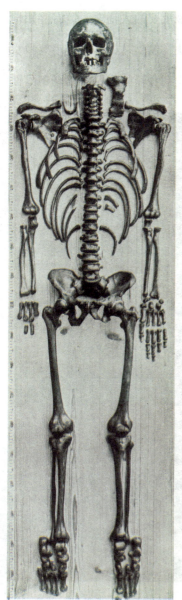

尸骨，该尸骨的长度为166.8cm，颅腔的脑容量为1479.5ml（接近德国人的平均容量）。

于是，教区长特兰泽尔博士请来了瑞士的解剖学专家威廉·希斯（Wilhelm His）。威廉·希斯使用了威尔克的方法，选取了24具自杀男子的尸体，甚至还找来了4具女性的尸体，通过对其面部15个定位点的皮肉厚度进行测量，得到了一些平均数据。然后他把数据和疑似的巴赫头骨交给了一个名叫卡尔·塞弗内的雕刻家。雕刻家不负众望，根据这个头骨塑造出了一个半身像。这个雕像的脸和巴赫生前的画像十分接近，所以威廉·希斯断定这就是巴赫的遗骨。现在看来，威廉·希斯的方法并非没

◀ 据信这是巴赫的遗骨，由解剖学家威廉·希斯于1895年拍摄

怪诞历史

有漏洞，巴赫的子女众多，家族还有其他不少成员，此事发生时他比较长寿的儿子们此时也死去了大约100年（有11个子女早于他去世），应该调查他们是否也埋在这块墓地，还应该判断棺材和其他陪葬物的年代是否符合。

复原研究中的诅咒：虽然德国一直在科技上走在世界前列，可是在这方面贡献最大的科学家却是上面提到的M.M.格拉西莫夫。这位名字像MM巧克力豆一样的大师考虑到苏联的民族众多，测量了全国范围内不同民族的脸部软组织厚度，并且通过丰富的经验，总结并提出了较为全面和系统的理论。后来他出版了专著《从头骨复原面貌的原理》，1950年还获得了斯大林奖金。在书中他提出了很多到现今都非常有用的理论，如男女颌骨的不同，通过牙齿磨损、头骨愈合的程度判断年龄等。忧国忧民的格拉西莫夫大师对颅骨复原的贡献显然是不可磨灭的，他的理论对后来苏联在对内对外战争中辨认尸体是否为"自己人"非常有用……格拉西莫夫还是将颅骨复原运用到刑侦学当中的先驱，是不折不扣的祖师爷级人物。

格拉西莫夫的功绩远不止如此，他还成功地复原了很多博物馆里的古人类和历史人物的相貌，包括18世纪俄国杰出的军事天才、俄罗斯沙皇帝国海军第一个世界意义上的名将、"海军保护神"费多尔·费多罗维奇·乌沙科夫。令人唏嘘的是，格拉西莫夫甚至还根据斯大林的最高指示，在1941年6月19日跑到当时属于苏联的乌兹别克斯坦撒马尔罕城，突破老百姓们的重重阻拦把14世纪末至15世纪初中亚的征服者、"半人半神"的国王帖木儿的坟墓给刨了，复原出帖木儿及其家人的容貌。

帖木儿大帝

怪诞历史

不过两三天后苏德战争就爆发了，以为遭到了诅咒的斯大林赶紧命令将帖木儿的遗骸放在飞机上，绕莫斯科上空飞三圈，然后按照苏联的战争习惯，祈祷战争的胜利，再以伊斯兰的隆重礼仪重新下葬帖木儿。这之后苏联因为伏尔加格勒保卫战的大捷而扭转战局。复原帖木儿的容貌堪称"最下本钱"的一次科研。不知道格拉西莫夫在战火中顶住这种"灵异性巧合"的舆论压力做研究，是怎样一种体验。

✳ 外貌复原专家的美术功底

现在国际上通用的复原相貌的技术主要有四大类：绘画、雕塑、计算机还原以及口述相貌。很多古人在历史书上都有相关的容貌记载，可以作为一定的参考——不过像巴赫那样，迁墓时连儿子都死了约 100 年，估计没有活人见过他的相貌，当然也没有描述了。绘画是利用二维图形来表现三维的人脸，也常常失之偏颇。目前，最靠谱的还是雕塑法和计算机还原。

捏泥人还原：雕塑还原法的常用雕塑手法包括泥塑、石膏像、蜡像等。早在 20 世纪的二三十年代，泥塑法还原颅骨相貌就逐步替代了其他雕塑。这个方法需要先用石膏（现代也有用玻璃钢的）翻

021

制一个颅骨模型，在颅骨上的许多测定点上打孔，并插入牙签一样的小木条，木条突出的长度就是该处组织的厚度，然后用软泥在颅骨上逐渐塑造出皮肉，直到所有的木条都被覆盖。接着根据头骨的轮廓（通过残存的鼻骨），可以判断其鼻梁形状；根据颅骨表面是平滑还是粗糙，可以推测发际线的位置；除此之外，还能推测眉毛的形状、嘴的大小，甚至还能判断出其眼皮是单还是双。复原工作者还会给头骨模型安上塑料或玻璃的眼珠，最后再进行修饰，就可以知道该人的大致容貌。这种技能绝对可以称得上是一门艺术，公安机关中的很多复原专家甚至是雕塑专业的硕士、博士。

颅骨容貌复原技术虽然在 20 世纪 90 年代才引入我国，但是我国在这方面可是非常下功夫，做出了让全世界都刮目相看的成绩。这种技术让许多古代名人的本来面目重见天日，包括马王堆汉墓的女尸辛追、魏武帝曹操、《西游记》作者吴承恩、乾隆皇帝的妃子香妃、埃及法老图坦卡蒙、耶稣同时代的以色列人，甚至很多祖先级别的原始人类。虽然容貌达不到完全符合，不过 80% 符合还是可以做到的。

在颅骨不完整的情况下，现代的颅骨复原专家依旧可以完成相貌还原的任务，如河北遵化清东陵的香妃墓就被人破坏过，只剩下缺损变形的头骨和近 1 米长的花白辫子。不过这也难不倒我们的复

原专家：因为颅骨的形状基本对称，有一半左右的颅骨就能推测出另一半来。

现代科技显神威：中国的颅骨相貌复原技术在全世界都处于领先地位，这主要取决于中国的电脑技术，我们甚至还有"中国人三维颅面复原系统"，利用虚拟技术模拟人脸。当颅骨被敲碎时，刑侦专家就只好像玩拼图一样把颅骨拼成原状，至少让一部分保持完整，再继续进行还原。如1993年在南京江宁区汤山葫芦洞发现的南京直立人的女性头骨，就只发现了三个残片，由于缺少下颌等重要部分（可能是野兽撕咬带来的损伤），这让中国的首席颅骨复原专家、中国刑事相貌学的奠基人赵成文都觉得很棘手。最后研究小组从上千个颅骨库中挑选出匹配的下颌反复试验比对，又经微调、缩放、修整后才确定了整个头骨最可能的样子。

过去用泥塑来还原颅骨生前的相貌，可能需要一两个星期，且每次重塑泥像还不可能完全一样，而用计算机还原，只需要输入头骨的相关数据，就能分析出性别、年龄、形态特征等，有时候一个小时就能重塑其生前的相貌。软件还可以给复原的图加上合适的纹理、表情和毛发等，让复原图更加栩栩如生。德国有一款复原软件，甚至模拟了面部的24块表情肌，让复原出的人脸可以做出不同表情。

电脑的"脑补"能力非常强大，甚至当尸骨找不到时，利用照片或画像也能实现复原。中国第一位用计算机被复原相貌的皇帝是康熙帝玄烨，人们通过特殊软件扫描他50岁时的画像，成功地将其相貌还原了出来。如果发现的是木乃伊之类的干尸，骨骼外部还附着皮肤，复原软件也能在不破坏干尸表面的情况下，根据X光片、CT或核磁共振来分析干尸生前的长相。著名的3800多年前的楼兰美女干尸就是利用我国的"警星CCK-3型人像模拟组合系统"还原的。楼兰美女死亡年龄在40—50岁，干尸出土于1980年，由著名考古学家穆舜英发现，因为常年被风沙覆盖，保存较为完整，而到了2005年才开始用计算机对其复原。赵成文教授担任复原工作的首席专家，此前他已经成功复原出多具古尸的相貌，甚至包括另一名楼兰小美女。由于楼兰美女的年代过于久远，且没有血统相近的同时代样本作为参考，复原的过程断断续续花了3年，需要查阅大量的资料，有时候连眉毛都要换几百种才能找到合适的。

马王堆夫人的真容： 2002年，赵成文教授利用上述软件，复原了一具已经出土30年的女尸——古长沙国丞相夫人辛追。这具出土于长沙市浏阳河旁马王堆1号墓的女尸，生前是西汉诸侯国长沙国的丞相利苍的夫人，生于公元前213年左右，死于公元前163年左右，享年约50岁。虽然在出土时，辛追的遗体已经放了2100多年，可是皮肤尚有弹性，手指和脚趾的纹路清晰，甚至部分关节还能活动，

简直是防腐工程的奇迹，是当之无愧的全世界迄今保存最完整的古尸。学者们甚至根据辛追创造了一个专业名词——"马王堆尸型"。

在复原辛追面相的过程中，再次登场的赵成文教授没有拘泥于本门派的技术，巧妙地利用了美术学中的"三庭五眼"理论。简而言之，"三庭"就是指"发际线到眉骨的距离 = 眉骨到鼻底部的距离 = 鼻底部到下巴的距离"，"五眼"就是指脸宽是眼睛长度的 5 倍。这是一般正常人脸的比例。在将辛追颅骨的 X 光片扫描进电脑中之后，赵教授发挥美术功底，在上面画出眼内侧线、眼外侧线、鼻翼线、鼻底线、发际线、眉弓线、口裂线和下颚线、中心线等主要特征线。根据他的理论，只要确定了这 9 条线，基本上就可以确定五官的位置、长度、宽度和大小，面部基本成型，至少画出来有了人样了。接下来他再根据相关的文献资料、尸体照片、解剖学结构理论和多年积累的经验（没错，就是别人无法直接学来的经验），最终确定了辛追的面部特征：杏核眼、双眼皮、小尖鼻、薄嘴唇、狐尾眉和肥耳垂。之后再从资料库中选出合适的五官进行拼接，辛追的容貌终于得以重见天日。

025

复原后的马王堆"千年美女"辛追夫人

　　复原一些古人的头骨时，还会寻找其后代，通过 DNA 来分析其可能的相貌，不过由于隔的代数太多，这只能是个"仅供参考"的线索。比如在曹操相貌复原过程中，研究人员就寻找了多支曹操的后人作为比对，不过曹操活着的时候就有 25 个儿子和至少 6 个女儿，这些

孩子由至少13名妻妾生育，这些孩子的相貌已经和曹操相差很大了。那么，经过1800多年的子孙繁衍，曹操后代的相貌与其本人相似度还有多高呢？

复原术的"祖宗"是相面：如今，颅骨复原并非什么黑科技一般的神奇技术，我国已经建立了56个民族的五官数据库，如果和照片对比，20分钟就能判断颅骨和照片是否属于同一人，并在1小时内还原其生前的头面部三维图形。我国不同民族、不同地域的人面相差别较大。宋代的相面书《麻衣神相》曾提出"蜀人相眼、闽人相骨、浙人相清、淮人相重、宋人相口、江西人相色、鲁人相轩昂、胡人相鼻、太原人相重厚"，也正是注意到了不同地域的人面貌有不同的特点。

古人如何利用地形作战

《三国演义》中有诸葛亮七擒孟获的故事，其细节虽然不见于正史《三国志》，但小说当中提到的南蛮自然奇观，却在现实中都留有遗迹。这些天然形成的奇观，成了古人在战争中仰仗的"地利"。

✳ 让人变哑巴的泉水

孟获以四眼毒泉为屏障对付蜀军，其中哑泉让很多蜀军士兵失声，若不治疗，数日后就会死亡。现实中，在云南发现了4处哑泉，它们分别位于昆明市禄劝县的鹦哥嘴坡、临沧市凤庆县、昭通市巧家县和保山市隆阳区瓦窑镇。其中，位于临沧市凤庆县的哑泉边，立有乾隆甲寅年（1794年）的石碑，上面刻有"过往之人不可饮，此泉哑毒"。

哑泉之所以会让人变成哑巴，是因为其中含有硫酸铜等铜盐，

铜盐对人体的大多数生理系统有害，其中包括声带和负责语言的神经系统，会造成人吐字不清、呕吐腹泻等，严重的甚至会发展到虚脱、痉挛而亡。《三国演义》中还提到哑泉附近有安乐泉，可以解哑泉的毒。现实中这样的泉水也确实存在于哑泉附近。哑泉的泉水呈弱酸性，而安乐泉的泉水呈碱性，可以中和哑泉中的硫酸铜。

✳ 难过的"鬼门关"

在小说中孟获利用瘴气来攻击蜀军，而在现实中也有充满瘴气的地方，这就是大名鼎鼎的"鬼门关"。当人们遇到危及生命的事情却平安脱险的时候，常常会说自己刚在"鬼门关前走了一遭"。我国的"鬼门关"有多处，其中一处就在广西玉林的天门山上，与龙狗岭相对而立，属于古代南蛮人活动的区域。那里"双峰对峙，中成关门"，是世界闻名的古关隘。如今，玉（林）北（流）柏油公路从这里通过，"鬼门关"也成为沟通梧州、广州、香港、深圳、北海、合浦的重要峡口。明代旅行家徐霞客就曾经对"鬼门关"进行记述。传说到了"鬼门关"附近，人会莫名其妙地"中邪"，身体出现很多不适。

吓人的外号是广告：玉林天门山上的"鬼门关"本名天门关，

早在汉朝时期，著名的伏波将军马援就曾经在此立下石碑。这里地势过于险要，名字又令人印象深刻，因此很多诗人给它打过广告。初唐文人沈佺期在路过"鬼门关"的时候忍不住惊叹其地势的险要，并写诗留念："昔传瘴江路，今到鬼门关。土地无人老，流移几客还。自从别京洛，颓鬓与衰颜。夕宿含沙里，晨行冈路间。马危千仞谷，舟险万重湾。问我投何地，西南尽百蛮。"张说、苏轼等许多诗人在路过"鬼门关"的时候也都写下了诗篇，同样也都把"鬼门关"和"瘴江"放在一起，给"鬼门关"添加了一抹恐怖的色彩。

天然毒气屏障：瘴江，简而言之就是泛着瘴气的江。瘴气是在湿热的森林、山谷、沼泽地里由动植物腐烂后生成的毒气或病原体，多发于春末，敛于秋末。根据瘴气的不同来源、病症，可分为蚰蛇瘴、孔雀瘴、蚯蚓瘴、鸭虫瘴、黄蜂瘴等。如果人不慎接触，有可能出现头晕、发热、恶心、腹痛、胸闷等症状。在《三国演义》中，蜀军就中了瘴气的毒。如今，随着雨林的破坏，瘴气的多样来源正渐渐消失，"鬼门关"的"中邪"事件也基本销声匿迹了。

唐代诗人李华曾经写过一篇《吊古战场文》，其中提到："此古战场也，常覆三军。往往鬼哭，天阴则闻。"很多人在对此文进行赏析的时候，都认为所谓"鬼哭"只是人们的一种幻觉——由于古战场地处荒凉，常常有风声鹤唳，再加上人的心理作用，大脑就对收到的声音信号进行了错误的加工，从而造成这种现象。李华的文中并没有具体说明古战场的位置，只说大致处于中国西北部。那么七擒孟获的遗迹到底在哪里呢？

✳ 一场坑自己的战争

在云南省曲靖市陆良县沙林风景区附近，有一个被称为"惊马槽"的地方。根据当地的传说，早在1800多年前的三国年间，为抵挡诸葛亮大军征讨，孟获的好哥们八纳洞洞主木鹿大王在战马坡一带挖出了惊马槽这一军用工事。惊马槽是两条长不到40米、宽不足1米的山路，至今还是当地村民上下山的唯一道路，但是大部分村民宁愿挑没路的地方上下山。如果他们非要路过这里，都要放下行李，在此磕头拜一拜。原来，木鹿大王和诸葛亮的蜀汉远征军在此发生过激战。木鹿大王不仅派出了人类士兵，还动用了他的动物部队，如豺狼虎豹等猛兽。然而，诸葛亮却像一位拥有大范围攻击能力的魔法师，用一把大火，让木鹿大王的动物伙伴们都变成了烤肉，木鹿大王也死在乱军之中。从地形上分析，木鹿大王的排兵布阵确实有点失策：过于狭窄的战壕或者通道虽然利于防守，但是不利于撤退，就是这种过于自信的安排直接害死了他自己。

031

✳ 古代的遗留"录像"

在早已黯淡了刀光剑影、远去了鼓角争鸣的今天，每到六七月份的雷雨天气，惊马槽就会出现各种怪声怪影。有人的喊叫声，也有战马的嘶鸣声；有兵器的碰撞声，也有马群的奔跑声；有军队行进的身影，甚至还有飞矢穿过村民的人体，但是又不会让人受伤。当地人都认为这是当年双方战死的士兵的魂魄作祟，称这种现象为阴兵过界，又叫阴兵过路、阴兵借道等。即使在没有阴兵出现的时候，马匹走到惊马槽都会突然发狂，不论怎么打也不敢从这里经过，这也是此处地名的由来。有人坐牛车从这里经过时，牛也会有退缩的反应。

当地很多村民见过阴兵过路的现象，如一位村民就在天空打闪的时候看到惊马槽有两名古代士兵在单挑，周围还有很多嘈杂的混战声音。一名沙林管理处职工还说看到一队人马在战马坡上跑了两分钟。

专家们试图解开背后的奥秘。经过化验，惊马槽的矿石含有大量的石英（二氧化硅）和少量的磁铁矿。地球本来就是一个巨大的磁场，这些含有磁铁矿的岩石就像磁带（石英和电脑芯片成分相似，也能达到存储信息的效果），再加上打雷时候产生的电流，惊马槽就像一个天然的摄影机一样，开始录制或播放。由于动物的感觉器

官比人更敏感，能够感应到非常微小的、人不能分辨的声音，因此在电流微弱的时候也能听到同类惨死时发出的悲鸣，从而受惊。

但是，根据中国科学院声学研究所的相关研究，人造的声音一般最大 70 分贝，很少能超过 90 分贝（大约是看球的时候体育场全场欢呼的声音），而且岩石也非常不容易受声音影响。通过计算可以得出，即使像体育馆里的万人欢呼声，它所产生的能量也只相当于 1 平方米的地面上承受着一个重量为 0.1 千克的物体，别说岩石了，就算是一张报纸，也不一定会有什么形变。因此，矿石"天然摄影机"一说受到了很多专家的质疑。

最后声学专家给出了正确的解释：惊马槽的地形很像一个啤酒瓶，容易发生共鸣。在雷雨交加的夜晚，吹进惊马槽的风，在与岩壁不断撞击之后，形成了共鸣与声音反射的声学现象，于是村民们传说的怪声就出现了。

电磁学家们当然不会认输，仍旧坚持原先的"天然摄影机"观点。他们还举出了故宫中古人影像的例子：宫墙的红色涂料中含有四氧化三铁，是强磁性材料。这些材料被均匀地涂在墙表面，就像录像带的磁条一样。当电流通过时，就会将过去录在上边的影像放映。或许是几百年前的一个雷雨天，一些宫女太监从墙边走过，身影就映在了通电的磁性墙上。现在故宫中拉着很多电线，电线外皮老化也很容易造成漏电现象，这样就"播放"了过去的模糊影像，就好像有鬼魂在游走一样。但这一解释过于牵强，因为故宫已经建成几百年，经历过无数次雷雨天。故宫官方也对此进行了辟谣。

当然，也有心理专家表示，所谓阴兵过路等现象，纯粹是心理效应引起的幻觉，特殊的景点加上特殊的传说故事，使人产生了特殊的想象，从而将幻觉和现实混为一谈了。

古代从什么时候开始有法医

提起中国古代法医，很多看过古装电视剧的朋友会想到"仵作"这个词。而宋慈则被很多人当作最早的法医。其实法医的历史，要追溯到 2000 多年前。

秦代老专家：最早的法医并没有正式的称呼，主要由身份卑贱的奴隶来检查死者。在战国后期，秦朝设置了令史一官，其中有一项职能就是带领奴隶来检查尸体，他只需做个远程指挥官，不用亲自接触死者。秦简《封诊式》中记载，发现凶杀案"令史某往诊"。"封诊式"三字，指不同的司法行为和执行要求，"封"即查封，"诊"是勘查、检验，"式"就是司法规范；验尸即属于"诊"的一部分。这些司法报告，秦代称为"爰书"。爰书中，便有中国迄今年代最久远的"验尸报告"——《贼死》。"仵作"这个词其实到了残唐五代时期才出现，除了验尸，还负责搬运、清理、装扮尸体等工作，甚至在刑场收尸。

035

仵作行人登场：五代的王仁裕所撰的《玉堂闲话》与和凝、和嵘父子合著的《疑狱集》中都出现了"仵作行人"这个名称，两本书中记载的案件其实是同一件，在案件中"仵作行人"协助官府破了案件，但也仅是协助而已。在古代，仵作的社会地位非常低，不是政府正式员工，仵作家的儿孙都不能参加科考，所以很多时候只好让许多没有执业资格的屠夫、阴阳师、殡葬业人员来担任，这种叫作"外仵作"。而官府选拔的正式仵作叫作"内仵作"。仵作和验尸官不能画等号，在司法勘验时，仵作要听从检验官的指挥，清洗尸体，涂抹酒醋，大声喝报看到的尸象给检验官和在场人员听。当检验人员缺乏时，仵作就直接充当检验官。不过为了维护司法公正，仵作也不能随意乱验，需要在勘验书上签名，如有不妥，将受到重罚。古代的仵作验尸，并不涉及现代西医科学技术，特别是病理学的内容。如果是女性死者或者是伤员，男仵作不方便检查，就需要"坐婆"来担当重任了，她们就是早期的女法医。

　　最早法医案例集：《疑狱集》是中国现存最早的案例选编。作者和凝是五代第一名士，在文学思想界很有地位，著有《疑狱集》两卷，他的儿子和嵘后来又增订两卷，合成四卷。后来，南宋初期的郑克编著了《折狱龟鉴》，又名《决狱龟鉴》，原书 20 卷，是宋代侦查类文集的集大成者，较为系统地总结了前人在案件的侦破、

检验、审讯、判决和平反冤狱等方面积累的正反两方面的经验。只可惜原书大部分已经失传，留下的版本也有很大差异，此外，《永乐大典》中也保存了一部分。之后，南宋小官桂万荣从《疑狱集》《折狱龟鉴》和其他史料、笔记里，精心选取了各色典型案例编撰了《棠阴比事》。其书题目出自《诗经·甘棠》，召伯当年巡行乡邑，在甘棠树下听讼断案，处理政事，此处以棠阴代指讼狱。"比事"，指把两个性质相近的案例并列连缀起来。《棠阴比事》共搜集 144 个案例，在有限的篇幅中容纳了丰富的内容。

宋慈开创法医学：中外法医界普遍认为，南宋中后期著名法医专家宋慈于 1235 年开创了"法医鉴定学"，因此宋慈也被称为"世界法医学的鼻祖"。宋慈于 1247 年完成的《洗冤集录》是世界上第一部法医学专著，后世中国的所有法医都人手一本，至今该书依旧是必修课程。宋慈的《洗冤集录》并非无可挑剔，元代的法医学家王与撰写补正了《洗冤集录》，并写出了《无冤录》，该书也成为明清刑事侦查死伤检验的必备用书。

明代的法律中将"仵作行人"正式改为了"仵作"，但是地位仍是十分低下，还不是正式公务员。到了清朝，仵作才成为政府正式雇员，享有工资待遇。到清末宣统元年（1909 年），由于受西方法医学的影响，清政府在北京设立了检验学习所，设立法医学、生

037

理学、解剖学、理化学等课程，虽然没什么实际成效，但这是中国法医走向现代化迈出的一大步。清朝光绪年间的官员胡文炳又承袭宋人郑克《折狱龟鉴》的编辑宗旨与编写体例，撰成《折狱龟鉴补》。

纪念宋慈的邮票

✱ 西方法医也很早

在西方世界，古巴比伦、波斯、古希腊、古埃及和古印度的一些法典和医学著作中已有一些关于法医学的内容。例如，恺撒被刺杀后就有详细的伤痕报告。529 年，东罗马帝国皇帝查士丁尼一世下令编纂了欧洲第一部系统完备的法典《国法大全》，其中规定："医生在诉讼中不应当是哪一方的一般证人，而应当是以其专门知识为基础帮助法官提出公平说明和主张。"这可以算是法医的雏形。

干兼职的理发师：1099 年，十字军东征后建立了耶路撒冷王国。12 世纪中期，该王国制定的《耶路撒冷王国宪章》中，首次明确了法医鉴定制度。法医鉴定的风潮很快刮遍了整个欧洲。虽然各国立法者都渐渐发现了法医鉴定的重要性，但教会颁布禁令禁止拥有医学知识的神父和修道士对病人实行外科手术，所以在当时的医学界，医生普遍认为手上沾染到鲜血有损自己的尊严，很多外科手术都交给另一种拿小刀的人——理发师来做。那时候的理发师通常具备了拔牙、放血、包扎、引尿、割瘤、绑疝气等各种外科医疗技术。1626 年出版的《理发师手册》中详细描写了静脉放血术、水蛭放血术、麻醉术等技巧。理发店后来使用的红蓝白灯柱，就是动、静脉血管和绷带的象征。

法医学正式诞生：1598 年，意大利医生菲德里斯的《医生

理发店的红蓝白灯柱

关系论》面世，该书被认为是第一本真正意义上的法医学著作。

1642年，德国莱比锡大学（心理科学的诞生地）首先开设系统的法医学讲座；1782年，柏林创办了第一份法医学杂志，从此法医科学初步形成自己独立的体系。

19世纪，随着显微镜的出现，法医越来越科学化，最终形成了以西方现代医学体系为指导的法医科学。1899年，随着列强的入侵，西方近代法医学开始传入中国；1915年北京和浙江医学专门学校都开设了法医课。中国现代法医学鼻祖是宋慈的福建老乡林几。林几1918年考入国立北京医学专门学校（北京大学医学部的前身），1924年到德国学习法医学4年，回国之后积极培养法医人才，创立法医研究所和期刊。

新中国成立后，林几被中央人民政府卫生部聘为卫生教材编审委员会法医学科组主任，编审法医学教材，并继续举办两年制高级法医检验人员培训班，为新中国培养了第一批法医检验人才。

闻者发笑：清代的奇怪气体

1799 年，也就是乾隆皇帝去世的那一年，英国化学家汉弗莱·戴维（Humphry Davy，1778—1829 年）的实验室里来了一位朋友，这位朋友不小心打碎了一个装着特殊气体的玻璃瓶。两人俯身去收拾碎玻璃，都不由自主地大笑起来。诗人骚塞和柯勒律治见状好奇地凑上来，也忍不住哈哈大笑。从此，"笑气"渐渐进入人们的生活。

笑气，学名氧化亚氮或一氧化二氮，是一种无色、有甜味的气体。它是硝酸铵（一种化肥）加热后产生的一种氧化性气体。笑气可溶于水，甚至可以在温度降低后析出笑气晶体。它最大的特点是：人吸入它之后，会产生轻微的愉悦感，人可能会发笑，起到止痛的作用。牙医韦尔斯在闻过笑气之后，用钳子拔掉了自己的一颗蛀牙，觉得痛苦比一般的牙科手术轻很多，这也是有史以来第一例笑气麻醉手术。

041

✳ 美国的笑气表演

在笑气问世40多年后，戴维的发现飞跃大洋彼岸，传到了当时尚且被称为"新世界"的美国。乐于接受新事物的美国人，很快注意到了这种气体。1844年12月10日，美国某地举行了一场笑气表演，一名志愿者在吸入笑气后，失去了自控能力，在人群中大笑大叫，即使脚上碰出了一个血淋淋的伤口，他也还是兴高采烈，丝毫不觉得痛，这引起了在场一位牙医的兴趣。这位牙医名叫韦尔斯，由于当时还没有麻醉剂，他和很多牙医一样，为拔牙时病人的挣扎和惨叫感到苦恼。经过多次实验后，他将笑气使用在了牙医手术台上。只要固定好患者，就可以在基本无痛的情况下进行拔牙手术。而且这种气体并不会使患者进入完全神志不清的状态，方便医生在手术中指挥患者配合。

既然笑气的麻醉效果这么好，那为什么现在不继续在牙医手术中使用它呢？首先，笑气和氯仿等麻醉气体不一样，它会使人暂时失去自主运动的能力，陷入一种近似癫狂的状态，因此一旦没有将病人捆结实，手术过程中就有可能发生意外伤害。更重要的是，人们渐渐发现，笑气是一种有毒气体，若是大量吸入，会使人窒息而死。

✳ 假麻药打败真麻药

在同时代的中国，其他有麻醉作用的药品更加盛行，最著名的就是鸦片。但鸦片毕竟是毒品，一些口服的迷拐药更被人青睐，如用茄科植物中的曼陀罗、三分三等植物做成的"蒙汗药"。华佗的麻沸散即有可能是用这类草药制成的。笑气由于难以运输和保存，即便在清代进入中国市场，也会由于鸦片和迷拐药的盛行，难以引发大众的关注。

✳ 成瘾物质、航天必需品到漫画道具

笑气属于氮氧化物的一种，目前已知的所有氮氧化物都是有毒的。笑气的毒性主要表现在长期或过量使用可能会引起缺氧或神经损伤。了解了它的这一特性之后，医生们逐渐不敢继续在手术中使用它了。几次笑气医疗事故的新闻见诸报端之后，美国人有些谈"笑"色变，甚至开始夸大它的毒性。

之后更多的麻醉剂被科学家们发现。例如 1846 年发现了乙醚，1847 年发现了氯仿，1884 年可卡因被用于皮下注射局部麻醉。笑气这种气体逐渐成为辅助麻醉剂，而不再单独使用。

1914 年美国火箭先驱罗伯特·戈达德意外地发现笑气可以作为火箭的助燃剂。这依然要归功于它的氧化性。更难能可贵的是，它还能分解产生宇航员需要的氧气。随着航天科技的发展，笑气又逐渐发挥了它的功能。

后来，笑气出现在美国著名系列漫画《蝙蝠侠》中，成为反派一号"小丑"常用的化学武器。故事中，小丑常常让人吸入大量的笑气，使受害者连续狂笑一两天，最后活活笑死，死状十分狰狞恐怖。

怪诞历史

永久有效、最实用的古墓防盗机关

从古至今，世界各国的古墓一直有着无尽的魅力，因为不管是中国，还是地球另一端的埃及，有钱有权的人都倾向于"厚葬"，即带着大量的金银财宝入殓，这引得一拨又一拨的人为了一夜暴富，铤而走险盗掘坟墓。

✳ 历史上的著名挖坟活动

最早的挖坟行动：根据目前的史料，早在2700多年前的西周时期，就有人从古墓中挖出玉石印章，或许正是这一小打小闹的事件开了挖坟的先河。在《史记·货殖列传》中，就记载了一个叫田叔的人，靠挖坟发家，积攒了巨额的财富。有些盗贼甚至挖开了商朝的开国之君成汤的坟墓，真是"挖了人家祖坟"。

最早的民间盗墓风潮：西汉末年，赤眉军攻入长安，"发掘诸陵，取其宝货"，毁掉了多座西汉皇陵。

汉末魏晋南北朝——最大规模的军方盗墓：到了东汉末年，董卓在陇西发展出自己的势力，为了扩充自己的军队，他带领手下偷偷挖掘了很多东汉的皇家陵墓，后来他"挟天子以令诸侯"，更加一发不可收，最后连汉武帝的坟也给刨了。

为了补充军饷，袁绍组织数十万大军把挖坟当成赚外快的手段，甚至使中原"地无完冢"。但是，袁绍远远比不上曹操那种有组织、有纪律、有计划的挖坟行动。袁绍手下的大文学家陈琳写了篇《为袁绍檄豫州》，在文中提到的"发丘中郎将"和"摸金校尉"就是曹操手下专门挖坟盗宝的官员，当然不排除其描述可能有夸大的成分。不过到了南北朝的刘宋时期，前废帝刘子业听说了曹操治下那两个名字很奇葩的官职后，竟真的下令在朝中设计了这样的职位，让盗墓活动成了政府行为。

✳ 反盗墓大招知多少

所有的墓主人都希望自己的坟墓永远不被人打开，有人生前会花大代价请人设计。古墓并不是老老实实地待在那里等着盗贼光顾。

1. 致命埋伏

沙石防御：比较实用的一种方法是用流沙或碎石包裹墓室，使之成为"积沙墓"或"积石墓"；如果是复合型，则称作"积沙积石墓"。这种坟墓利用沙石的流动性，使得盗洞难以打出。即使侥幸打出了盗洞，盗墓者一个不小心就会被活埋。防盗的沙子一般是炒干的，这样既能作为天然干燥剂，减少水分，给尸体防腐，又能增加沙子的流动性。

机关暗器：暗器也是墓葬设计者所喜爱的利器。比如暗弩，藏于角落，将机关放置在地面，只要不小心踩到触发机关，就会射出弩箭。因其隐蔽性和攻击性强，成为杀伤力最大、最难防范的机关之一。

传说袁天罡的墓道中就有悬剑的机关，当有人从下边经过时剑就会落下。另外，有些墓道中会撒上一些类似现代反坦克铁刺一样的暗器，用来扎伤盗贼的脚，如果哪位倒霉摔倒，就有可能被扎成海胆，丢了性命。但是，随着年深日久，这些机械的小玩意大多会失灵，如果被盗贼发现，绕过也不是难事。

毒药：为了增加杀伤效果，让盗贼有来无回，有些坟墓中的箭头、利剑、铁刺等还会被涂上毒药。但是，还有一些墓葬会让人在不知情时中毒。有一些防盗墓专家会把毒药涂抹在尸体或者殉葬品上，造成"尸毒"来对付盗贼。据记载，秦始皇陵中就注有成吨的水银，这样不仅可以让棺材浮在人造的"银河"上，而且还可以利用汞蒸气的毒性，让所有盗墓者望而却步，至今其附近的土地汞含量还超标。

自燃：有些墓葬中还有"伏火"，比如马王堆汉墓，就是在进入空气后，墓穴内会产生自燃，但是很多科学家认为古人并没有高超到会把白磷等物故意放入墓穴，那些自燃物质是尸体等有机物分解而自然形成的。

2. 超级护甲

还有许多古墓本身就非常难以挖动，这些墓葬通常造价高昂，只有皇亲贵胄才能用得起。

巨石墙：很多帝王墓葬都有三至七道石门，每道门重达数吨至数十吨。最外层俗称金刚墙，是最结实的，而且很隐蔽。可是这些并不是最难的，只要有足够的人力和时间，还是可以慢慢移开巨石的。到了近代，有了大规模杀伤性武器，这些巨石也可以被炸开。最难的是，即使打开了第一道石门，也不见得能找到第二道，有些墓道如迷宫一般纵横交错，闯入者如果不熟悉，则很容易在里边迷路，被活活困死。这种设计深受中国、埃及等国的帝王青睐，不仅中国有，埃及也有。因此，想挖开这种墓葬，除了多人分工合作、互相接应，貌似也没什么有效的办法。

铁壳防盗门：还有些墓葬用铁水浇筑成了一个整体，让人挖也挖不动，可是挖不动并不代表古人拿它没办法——古人会用腐蚀性很强的粪水对铁墙进行反复浇灌，只要肯花时间就能将其破坏。

化山为墓：唐末黄巢起义时，就对包括武则天和李治合葬的乾陵在内的帝王陵乱挖一通，但由于缺乏专业技术，所以并没有对乾陵造成很大破坏，只挖出一条四十多米长的"黄巢沟"。乾陵建在山中，巨大的"身躯"本身就是强有力的防御武器。

巨大的乾陵

3. 隐身术

对于墓主人来说，如果不在乎后人凭吊的话，让自己的墓永远隐身，才是最好的策略。

封锁消息：想要让自己的墓葬不留痕迹其实很简单，有些帝王会选择杀死修筑陵墓的工匠，通过灭口防止被盗。在建造清东陵时，特意选择了很多聋哑人作为工匠，以防止泄密。一代天骄成吉思汗做得更绝，死前嘱咐人将自己夹在两块凿成人形的厚木板之中，埋在一片荒地里，让一群马踏得看不出痕迹，再牵来一对骆驼母子，杀死小骆驼。由于蒙古部落是游牧民族，逐水草而居，第二年走到这里的时候，人类已经认不出了，可是母骆驼能认出这块地方，并且掉下眼泪，后人们便在这里祭拜，等到母骆驼也死后，就再也没人知道具体的埋葬地点了。

假分身：传说，财大气粗的曹操建造了多个"疑冢"，让人弄不清哪个埋的是他本人。经过考古学家考察，大部分所谓曹操墓埋葬的是北朝的贵族。

装穷：曹操为了避免自己的墓被盗，提倡"裸葬"，这样虽然不能打消仇家和狂热粉丝的挖掘念头，但至少在一定程度上能让众多盗贼不再打他的坟墓的主意了。这种方法在欧洲也很常见，许多欧洲国王都用一本《圣经》和一把自己用过的剑陪葬，此外顶多再穿一身自己活着时候没机会穿或舍不得穿的华丽袍子，罕有华丽的陵寝。

怪诞历史

✳ 如何暴力破解古墓

利用现代军火：民国时期的东陵大盗孙殿英，就是用炸药等现代武器打开了慈禧墓和乾隆墓。

人多力量大：江苏徐州龟山的西汉楚王刘注夫妻墓是通过将龟山凿空建成的，墓道也有巨型石块堵塞，每块重达六七吨。盗贼在石块上凿出牛鼻一样的孔，穿上绳子拉动石块。至于怎么拉动的，可以理解为大量的人一起拉，再配上油脂等润滑物减少摩擦力。具体的原理或许和埃及人造金字塔差不多。

用耳朵寻找弱点：《清稗类钞·盗贼类》中记载了广州剧盗焦四通过打雷时让徒弟们站在不同方位来确定墓室位置，如果有人听到脚下有隐隐的回声，则表示地下有大空穴。其具体原理，和乐器的共鸣腔类似。确定位置后，他们会在墓旁打一个竖井，然后再打一个横井，一直挖到墓室底部，因为那里通常是最脆弱的地方。根据土的味道也可以判断墓穴方位，有些盗贼可以通过闻嗅土的味道，来判断是否有墓葬在此。

如果土质疏松，打出的盗洞很有可能塌陷，古代的盗贼使用竹条扎出三角形的框，用足够多的框叠在一起撑住盗洞的内部，做成一个竹子隧道，可是这种竹子隧道无法对付积沙墓，现在的盗墓者便改用一节一节的粗大钢筒连接成隧道来抵御沙石。

✳ 古墓发掘带来的蝴蝶效应

如果不去盗墓，曹操恐怕无法建立自己的基业，后边的三国时期或许也不会到来。在挖掘梁孝王刘武的陵墓时，他更是亲自上阵指挥，整支队伍齐心协力，打开了号称"天下第一石室"的"梁王避暑洞"。据《艺文类聚》记载，曹操这次挖坟行动收获颇丰，"收金宝数万斤"。

盗墓还能挖出文化符号。1922 年，英国考古学家霍华德·卡特教授带领考古队发掘了埃及图坦哈蒙法老的坟墓，没想到最先进入墓室的几人都意外死亡，导致西方社会对木乃伊大为恐惧，甚至连"泰坦尼克"号的事故都和随船货物中的埃及石棺扯上了关系。至今，仍然有许多关于木乃伊有神秘力量的电影、游戏流行于世。

第二章

古人的餐桌异闻

苏东坡冒死吃河豚，图什么

宋神宗元丰八年（1085 年），著名词人苏东坡受邀为建阳僧人惠崇的画作题诗。其中写道：

竹外桃花三两枝，春江水暖鸭先知。

蒌蒿满地芦芽短，正是河豚欲上时。

苏东坡对于河豚是真爱，他的好友张耒在《明道杂志》中就记载了苏东坡拼死吃河豚的事。元代文人谢应芳《河鲀》诗中说："世言河鲀鱼，大美有大毒。"

✳ 最美最毒的鱼

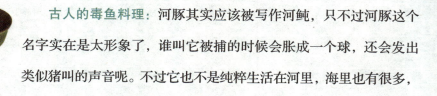

古人的毒鱼料理：河豚其实应该被写作河鲀，只不过河豚这个名字实在是太形象了，谁叫它被捕的时候会胀成一个球，还会发出类似猪叫的声音呢。不过它也不是纯粹生活在河里，海里也有很多，

但是总不能叫海豚吧。不同地区的中国人给它起了不同的名字，如气泡鱼、吹肚鱼、气鼓鱼、乖鱼、鸡泡、龟鱼、街鱼、蜡头、艇鲅鱼等，足以见其分布之广泛。古籍中最早关于河豚的记载，可能是《山海经·北山经》中的"鮕鮕之鱼"，描述只有"食之杀人"四个字。

［清］虚谷《河豚春笋图》

河豚的毒素主要集中在卵巢、肝脏、眼睛、血液中，肌肉、鱼皮、鱼骨等是微毒或无毒的，所以在食用河豚的时候一定要注意摘除关键脏器和放干净血。不同种类的河豚体内毒素分布不同，同种河豚不同季节的毒性也不同，一般晚春初夏怀卵的河豚毒性最大。河豚鱼卵经过长达一年甚至几年的复杂化学处理，可以做成供食用的鱼子酱。最美味的还是河豚的精巢（俗称鱼白、腹膏），可以烤熟后加盐食用，被文人雅士称为"西施乳"，据说鲜香甘醇，滑嫩爽口，《天津县志》记载其"味为海错之冠"。

✳ 河豚

致命毒素：河豚毒素存在于河豚和某些蝾螈、斑足蟾等动物的

河豚

体内，毒性比大名鼎鼎的氰化物强 1250 倍，只要 0.0005 克就足以使 2 斤重的小狗死亡。人一旦误食，毒性发作很快，且一般很难抢救——但是好消息是，河豚毒素在人体内解毒和排泄较快，如果你身体够好，挺过 8 个小时，大多能恢复。河豚毒素的潜伏期为 0.5~3 小时，由于一般都是吃河豚导致的中毒，所以会先出现消化道症状，如恶心、呕吐、腹泻、腹痛；继而出现感觉和运动功能障碍，口唇、舌尖、肢端及全身麻木，肢体无力，四肢发冷。在海里经常会看到一群海豚顶着河豚打球赛，而且乐此不疲，很多科学家就认为微量的河豚毒进了海豚的嘴里，让它们感到麻麻的，就像吸了毒一样。人类可就没那么幸运了，神经系统被入侵后，会出现眼睑下垂、声音嘶哑，还有血压下降、言语不清、口唇发紫等症状，严重者可出现呼吸困难、心律失常及传导阻滞、昏迷，最后因呼吸和循环衰竭而死。

不过，动物体内的河豚毒素并不纯净，人类直到 20 世纪五六十年代才掌握提纯该毒素的技术。河豚毒素在高温下会失去稳定性，但是一般的日晒奈何不了它。它可溶于弱酸的水溶液，在碱性溶液中易分解，但是盐腌和一般的烹调方法都不太能消灭它，所以河豚鱼干也有可能让人中毒。河豚毒素是目前最强的非蛋白质毒素之一，对人的致死量是 6~7 微克 / 千克，人的耐毒性甚至不如老鼠（最小致死量是 8 微克 / 千克），而且致死率非常高。河豚毒素之所以这么牛，最关键的是它能有效引起脑电波紊乱。中毒者会出现两肺胸膜下有点状出血、肺水肿，细支气管痉挛，口唇、指（趾）甲明显发紫，胃及肠道平滑肌麻痹、胀气，胃黏膜出血以及心肌坏死、脑水肿等，和蛤蟆分泌物中毒的症状有些类似。不过一般人不会拿纯的河豚毒素去杀人，因为太贵了。这种物质杀菌能力极强，在不超过致死剂量时，对于很多疾病都有奇效，还具有超过吗啡的止痛效果且不会成瘾，所以国际上1克河豚毒素就能卖到十几万美元。

✳ 古人爱吃毒虫

当然，还有些动物虽然被称为"毒物"，但却是可以下锅的美味，尽可安心食用，比如蛇、蝎子、水母、海胆等。英语中，毒可以分为 poison（毒素）和 vemon（毒液），前者是你吃了之后会中毒，后者是注射到你体内会让你中毒，区别就是"牙印"在对方身上还是在你身上。常见的各种有毒植物和斑蝥、蟾蜍、河豚等，它们的毒都是 poison 的范畴；而那些会攻击人类的有毒动物，它们的毒统统属于 vemon，只有直接注入血液才会使人中毒，而如果进入消化道，其毒性则会失效。从微观层面来说，蟾蜍毒是稳定的小分子，消化液奈何不得它；而蛇毒、蝎毒等都是蛋白质，进入消化道后，你胃里的蛋白酶就把它们分解了，除非你有胃溃疡，要不然根本没啥事。

对于古人来说，爱吃毒虫的可大有人在。

［元］曹知白《金蟾卧荷》（局部）

岭南人爱吃蛇： 古人不太分得清有毒蛇和无毒蛇，许多人把所有蛇都当成有毒的，避之唯恐不及。唐代孟诜在《食疗本草》中记载蝮蛇肉可以用于食疗。但岭南人却把毒蛇当成日常的食物，这令外地人十分难以接受。唐代的韩愈曾被贬往潮州，他在《初南食贻元十八协律》中就记录了岭南人吃蛇而自己却不敢吃的故事。相比之下，苏轼就要豁达得多，他在《正月九日，有美堂饮，醉归径睡，五鼓方醒，不复能眠，起阅文书，得鲜于子骏所寄〈杂兴〉，作〈古意〉一首答之》写道："烹蛇啖蛙蛤，颇讶能稍稍。"归根到底，是古代岭南地区比较贫困，蛋白质来源太少，所以形成了"什么都吃"的风俗。

　　吃壁虎引发怪病：壁虎在我国古代属于"五毒"之一，因为古人误以为壁虎尿有毒。清代政治家薛福成在《庸盦笔记》里记载过一个吃壁虎的故事。平湖县北有豆腐店伙计，常食用壁虎。某日，有人抓到一条特大的壁虎，并以此做赌注挑战伙计。赌约是，伙计不能像以往那样用豆腐皮卷着吃，而要只吃壁虎。赌金为银圆 4 块。伙计将壁虎直接吞下，赢得了赌金。1 年后，伙计渐觉消瘦无力，有江湖郎中看到他，说他的腹中必有动物。江湖郎中让伙计倒吊着，堵住七窍中的六窍，只留下嘴巴张着，费了半天力气，才用药粉做诱饵，从伙计喉咙里抓出一只活壁虎。壁虎当然不可能在人肚子里活 1 年，现在看来，这个故事有可能是江湖郎中变的一个魔术。

✳ 昆虫——古人传下的重口味食物

纪录片《舌尖上的中国》里说，中国人在食物上的摄取非常广泛。爱吃的广东同胞就号称"天上飞的不吃飞机，四条腿的不吃板凳"。可是，把昆虫当菜吃，恐怕很多人都无法接受。在古代，昆虫似乎只有在入药的时候才会被我们吃到嘴里，只有少数长相比较温和的昆虫（如知了、蚕蛹等）成为不太常见的菜。

皇家特供食用虫： "吃虫"的习俗，源于原始社会。在先秦时期，不少虫子就已成为人们的盘中餐。据《周礼·天官》记载，当时用蚂蚁卵做的蚁子酱，在周王室菜单上名为"蚳醢"，为专供王室享用的肉酱之一。而蝉、蜂等昆虫，也是贵族阶层颇为喜欢的美食。魏晋南北朝时，人们还发明了多种吃蝉的方法，或烤或蒸或下沸水焯熟，然后加上佐料食用。不过，在唐代之前，夏日"吃虫"尚未成风。

和蝗虫相爱相杀： 要论农业方面的虫害，莫过于蝗虫。俗语云："久旱必有蝗。"蝗虫肆虐之年必是干旱失收之年，所以古人又称蝗虫为"饥虫"。虽然古人对繁殖极快的蝗虫恨之入骨，却又无可奈何。再加上以为蝗虫是"戾气"所化，疑神疑鬼，更不敢吃它。首先打破这一禁忌的，是唐太宗。据《资治通鉴》记载："畿内有蝗。

辛卯，上入苑中，见蝗，掇数枚，祝之曰：'民以谷为命，而汝食之，宁食吾之肺肠。'举手欲吞之，左右谏曰：'恶物或成疾。'上曰：'朕为民受灾，何疾之避！'遂吞之。是岁，蝗不为灾。"

✳ 蝗虫

也许唐太宗生吞蝗虫后，当年蝗不为灾只是巧合，但唐太宗这一举动却无意中掀起了一股吃蝗虫之风。人们将蝗虫蒸熟后吃，吃不完的就晒成蝗虫干，作为过冬食物。古人还认为蝗虫的味道不错，如明人徐光启在《农政全书》中说："臣尝治田天津，适遇此灾。田间小民，不论蝗蝻，悉将烹食。城市之内，用相馈遗。亦有熟而

蝗虫

干之鬻于市者，则数文钱可易一斗……质味与干虾无异。其朝晡不充，恒食此者，亦至今无恙也。"

徐光启认为蝗虫干的味道跟虾干差不多，显然是把蝗虫当作一道美味。难怪不仅田间小民吃它，城里人还拿它互相馈赠，而且还可以晒干后拿到市场上卖，物美价廉，也颇为畅销。

夏日除了吃蝗虫，人们还吃蛴螬、蜻蜓、龙虱、蚕蛹、天牛等。古人强调药食同源，所以既把虫当食物，也把虫当药物。《神农本草》中记载的作为药用的"虫"有29种，其中昆虫有21种，而《本草纲目》一共记载了药用和食用昆虫76种。这些记载，无疑对"吃虫"起到了推波助澜的作用。

边远地区吃虫多：在云南、贵州等偏远地区，农业、畜牧业、渔业都受到限制，于是热带雨林中种类繁多的昆虫就自然而然地成为当地人的食物来源，竹虫、柴虫、蚂蚱、蝎子甚至臭虫都成为当地的特色菜。云南的昆虫烹饪方法大都一样，用油将昆虫炸到金黄色时即可，芳香扑鼻，是下饭佐酒的美味佳肴。在傣族地区，还有一种独特的吃法，把昆虫炸香后，放入大蒜、生姜、辣椒等佐料捣碎吃，香辣爽口，十分开胃，这种做法在清朝倪蜕纂录的《滇小记》中有详细记录。清朝赵学敏的《本草纲目拾遗》中，也记载了云南人吃虫的故事。

《本草纲目拾遗》书影

欧洲古人不遑多让：欧洲人也对各种广义上的昆虫菜情有独钟。古希腊哲学家亚里士多德就说过这样的话："蝉的若虫在蜕皮羽化前口味最佳。"蝗虫在欧洲的菜谱上被称为"飞虾"，早在古罗马时期就成为餐桌上的美味佳肴。

要说最著名的可食用虫子，就要数法国蜗牛了（虽然它是软体动物，不是昆虫，但古人还没有现代的分类观念）。早在公元前6世纪，蜗牛就已经成为生活在法国这块土地上的先民们的食物。法国被罗马帝国统治后，蜗牛一度成为风靡一时的小吃。当基督教开始成为国教时，教会宣布蜗牛是一种"不纯洁"的动物，此后禁食蜗牛长达百年。直到5世纪，罗马人离开法国，蜗牛才重回当地老百姓的餐桌。其他昆虫也备受欧洲人的青睐。他们还认为不同的昆虫菜具有不同的风味，比如蟋蟀有生菜味、黄蜂卵有杏仁味、蚂蚁有核桃味、蝇蛆有蛋糕上的奶油味、蚕蛹有肥肉香味（个人认为更像是蛋黄味）、蝈蝈有瘦肉鲜味等。

炸蝉蛹

墨西哥特色烹饪： 在非洲和拉丁美洲等保持了原始风貌的地区，昆虫菜更是几千年来的传统美食。墨西哥素有"食虫之乡"的美誉。在这里，被认为可吃的虫子有500多种，占世界可食用昆虫的1/3。美国前总统克林顿访问墨西哥时，曾在下榻的宾馆品尝了由红蚂蚁卵制成的"墨西哥鱼子酱"这道名菜。和其他墨西哥菜一样，墨西哥人做的昆虫食物，通常味道又酸又辣，因为当地人习惯把虫子油炸后，浇上辣椒粉和柠檬汁，以增加强烈的口感。所以酸辣口味是虫子大餐最常见的做法。此外，黄蜂、放屁虫、蝴蝶、蝉、蜻蜓、小甲虫等，共有50多种昆虫，都是墨西哥人餐桌上的佳肴。

墨西哥的炸蚂蚁，鲜香酥脆，每一粒都有黄豆大小，成为当地人爱不释手的零食。墨西哥人还将一些昆虫作为配料制成蜜饯、面包、罐头等食品，出口到美国、法国、日本等国，使昆虫食品成了一项出口换汇的资源。在网上还能看到墨西哥的昆虫棒棒糖，蝎子、蚂蚱、甲虫、蜘蛛等虫子被包裹在透明的硬糖当中，好像琥珀一般。墨西哥瓦哈卡州理工学院还创立了一种有机昆虫品牌，保证该品牌的昆虫食物是来自不使用农药的地区。该学院还计划把炸好的蚱蜢和蟋蟀出口到美国，供应给那里的墨西哥移民。墨西哥科学家还希望，美味可口的昆虫下一步能跳上宇宙飞船，作为宇航员的食物来源。

非洲重要口粮： 至于最原生态的非洲地区，蚂蚁、白蚁、大型蜗牛、蚯蚓等，都可以生吃或者烤熟了吃。有些地区甚至还有蚊子烙饼。粮农组织的有关调查显示，受调查者中吃过昆虫的人的比例在中非共和国是85%，在刚果民主共和国是70%，在博茨瓦纳是91%。中部非洲的一些菜市场上，经常有昆虫出售，而且还可以出口。法国和比利时每年从中部非洲分别进口5吨和4吨可食用昆虫。此外，用昆虫作为食品，还可以减少它们对树叶的蚕食，从而起到保护森林环境的作用。

中华的"非物质遗产"：中国发达地区的昆虫菜其实也不少，只不过有点非主流，没有形成太大的影响力，只在某些地方流行。比如天津有句歇后语，叫作"烙饼炸蚂蚱——夹（家）着吃去吧"。在江苏省连云港市灌云县，豆天蛾的幼虫被称为豆丹，可炒可煮，甚至还能做成麻辣香锅，是具有地方特色的美味佳肴。

✳ 昆虫菜到底有什么营养?

昆虫蛋白质含量是鸡肉的 N 倍，这是真的吗？我们可以通过实验来说明。

科学家们将 10 克昆虫（以黄粉虫为例）放入匀浆机中，加入一定蒸馏水，调整 pH 值之后，经过离心处理，分离出蛋白质和氨基酸。

经过一系列处理之后，可以测得它的人体必需氨基酸含量占总氨基酸含量的 40.86%，干货黄粉虫的蛋白质更是高达 50%。而几乎出产于同一地方的贵州柳源香鸡的蛋白质含量只有 18.71%，即便如此，这在鸡肉当中也算是比较优质的了。

昆虫菜还有许多药用价值，业内宣传甚至还有"昆虫菜是小孩的第二牛奶"等说法。

不过蝗虫等昆虫菜也不能随便吃，由于其中含有异体蛋白，对于有些人容易造成过敏。据《钱江晚报》报道，2014 年 2 月 26 日，杭州市一名小伙子因为吃了炸蝗虫而过敏——心率达到每分钟 120 次，血压降到 80/40mmHg，得亏抢救及时，才没丢了性命。

今天吃了蝙蝠，明年坟头长草

近年来每次病毒大暴发的时候，蝙蝠就会上一次热搜，似乎蝙蝠总会成为传播病毒的"罪魁祸首"。然而在中国古代，蝙蝠确实是一道菜。苏东坡（1037—1101）被贬谪到海南时，写过一首《闻子由瘦》：

五日一见花猪肉，十日一遇黄鸡粥。

土人顿顿食薯芋，荐以薰鼠烧蝙蝠。

旧闻蜜唧尝呕吐，稍近虾蟆缘习俗。

十年京国厌肥羜，日日烝花压红玉。

从来此腹负将军，今者固宜安脱粟。

人言天下无正味，蝍蛆未遽贤麋鹿。

海康别驾复何为，帽宽带落惊童仆。

相看会作两臞仙，还乡定可骑黄鹄。

在这首诗中，提到了海南的许多重口味食物，除了老鼠、蝙蝠、蛤蟆，还有蜜唧（蜜喂的初生鼠）、蚟蛆（蟋蟀或蜈蚣）等。在另一首《客俎经旬无肉，又子由劝不读书，萧然清坐，乃无一事》写了抓老鼠吃的故事。古人认为蝙蝠就是长了翅膀的老鼠，区别不大。

不久，苏轼终于获得朝廷赦免，得以返回家乡。途中行至润州，他与著名书法家米芾意外相遇，两人自然要大吃一顿。然而，这段美好时光却因苏轼突发疾病戛然而止。散宴之际，苏轼突发严重腹泻，胸痛心悸，以致高烧不退，牙龈更是开始出血。当时，医生诊断为"热症"。从症状来看，苏轼似乎是在海南期间食用野生动物染上了毒素，以致在润州的这次宴会上发作（米芾没有中毒，因此并非宴会本身有问题）。1101 年 8 月 24 日（北宋建中靖国元年七月二十八日），苏轼无法抵挡病魔折磨，在常州离世，享年仅 64 岁。

✳ 蝙蝠是个大家族

如果问哺乳动物纲当中种类最多的是哪个目，很多人都知道是鼠所在的啮齿目，但是很少有人知道，学名翼手目动物的蝙蝠是仅次于啮齿目动物的第二大类群。虽然大多数人并没有和蝙蝠正面接触过，但它们确实是世界上分布最广、进化最成功的哺乳动物类群之一。它们有 1000 多种，除南北极及大洋中过于偏远的荒岛外，地球上的各种陆地生态环境都有它们的影子。

　　蝙蝠是世界上唯一会飞行的哺乳动物，鼯鼠、袋鼯、鼯猴等只会滑翔。由于指骨非常长，蝙蝠拥有了和翼龙类似的翼手。作为一种昼伏夜出的动物，蝙蝠喜欢成群地在夜晚的天空中翱翔。很多人认为蝙蝠是瞎子，但实际上所有的蝙蝠都有视力，有些蝙蝠甚至眼睛瞪得像铜铃，可以像猫头鹰一样在黑夜中看清东西。

狐蝠拥有明亮的大眼

　　蝙蝠还有一个其他目的动物没有的特点，就是什么都吃，而且即使同一个科的蝙蝠食性也不一样——其他目的动物，如食肉目、灵长目、奇蹄目等，至少大部分成员的食性差不多。例如小蝙蝠亚目的叶口蝠科，其中就包含了食虫、食肉、食果、食花蜜甚至吸血的蝙蝠，除了上述的五种食性，少数蝙蝠还会在掠过水面时捕鱼吃，是妥妥的生存小能手。

✳ 蝙蝠和病毒的千年大战

蝙蝠身上携带超过 140 种病毒，其中 61 种都是人畜共患病毒，包括埃博拉病毒、冠状病毒、亨德拉病毒、狂犬病毒等。为什么这么多病毒能和蝙蝠共存？这就要从病毒的特点说起了。

病毒是一种靠入侵细胞为生的非细胞生物，如果不入侵细胞，它马上就会进入休眠状态。而且病毒很挑食，动物、植物、细菌都会染上不同的病毒，可是一种病毒只会入侵一类宿主；即便同为动物，鸟类病毒也很难传染哺乳动物，禽流感算是个特例了。作为一种寄生生物，病毒的最佳生存策略是"传染性强且致死率低"，这样才能尽可能多地复制自己，毕竟宿主死了自己也就断粮了，只能坐以待毙。而蝙蝠恰恰给了病毒实现自己"毒生目标"的乐园。首先蝙蝠是群居动物，一窝最少有 100 只，墨西哥无尾蝠每平方米个体数

怪诞历史

量更是可达 3000 只之多，一个洞穴住下数百万只轻松得很，病毒简直是上了蝙蝠家，一个传染俩；再加上蝙蝠是唯一会飞的哺乳动物，不论吃肉还是吃素，都有机会大范围游荡，病毒就更有机会传染到其他动物的身上了。

病毒的第二个特点致死率低，也在蝙蝠身上得到充分的体现。蝙蝠拥有哺乳动物最强的免疫系统，能够快速修复自身细胞损伤，让病毒的进攻无功而返，所以野外的蝙蝠很少病死。另外，蝙蝠在飞行过程中体温可以升到 40 度，相当于人类的发烧状态，可以让大部分病原体失去活性。所以，有了这些能力，蝙蝠作为一种小动物，却不像体形类似的老鼠那么短命，寿命可以达到 40 岁，甚至到 35 岁还没有衰老迹象。有科学家称，如果人类掌握了蝙蝠的这种本领，可以把寿命延长到 240 岁。

所以说，不是蝙蝠本身要携带大量病毒，而是蝙蝠和病毒在长期的演化历史中相互磨合，有能力做到多次"带毒不死"，而其他动物染上一次病毒就死翘翘了，根本没机会当传染源。蝙蝠在自然界的天敌不多，除了猫头鹰和某些住在蝙蝠洞里的蛇，大部分动物想吃蝙蝠并不容易。

✳ 不可或缺的"蝙蝠侠"

鬼怪传说：很多人认为蝙蝠是有害的动物，会通过吸血来传播病毒，但这种观点的历史非常短。因为所有的吸血蝙蝠都在美洲，古代的东西方人都不可能把蝙蝠和吸血联系在一起。直到新大陆被发现后，欧洲探险家发现美洲有吸血的蝙蝠，才把它们和吸血鬼联系在一起，并把这种动物的传说带往全世界。

既然如此，那能不能像当初消灭血吸虫的宿主钉螺那样将蝙蝠赶尽杀绝呢？当然不能！实际上，1000多种蝙蝠中，只有3种是吸血的（普通吸血蝠、毛腿吸血蝠和白翅吸血蝠），而且人血并不是它们的主食，所以蝙蝠咬人并不是病毒暴发的主要原因。

今日益兽：蝙蝠是自然界的英雄，本来可以和人类相安无事，但如今一种意外的食物链联系让人类吃了大亏。蝙蝠更多的是在消灭那些真正吸人血的蚊虫和农业害虫，仅此一项就为美国农业节约了37亿美元的农药成本和作物损失，因此它们是重要的有益动物。很多蝙蝠还会传播花粉，东南亚的榴梿的唯一授粉者就是一种蝙蝠，其他植物如桃子、香蕉、龙舌兰都要靠蝙蝠传粉，还有很多水果需要通过吃水果的蝙蝠传播种子。即便是吸血蝙蝠，它唾液中的抗凝血酶也是珍贵的药材。

另外，虽然蝙蝠非常容易传播病毒，但蝙蝠的数量非常多，并不是每只蝙蝠都携带多种病毒。以狂犬病毒为例，只有少于 0.5% 的蝙蝠携带这种病毒，所以对蝙蝠进行种族灭绝也不科学。值得注意的是，携带病毒较多的蝙蝠通常飞行能力较弱，更容易被人发现，现在你明白被人做成料理的蝙蝠都是怎么回事了吧？如果人类停止将蝙蝠作为食物，怎么会感染那些乱七八糟的病毒。埃博拉病毒就和几内亚人爱喝蝙蝠汤有关。

另外，随着现代化城市的发展，摩天大厦的玻璃成了蝙蝠们新的死穴。这类极为光滑的平面会影响蝙蝠的超声波反射，接收不到足够回声的它们会错以为前方空无一物而撞上去，这时候身体比较弱的蝙蝠就会掉在地上被人发现。

中世纪餐桌上的"独角兽"

要说欧洲中世纪餐桌上最贵重的物品，那肯定非"独角兽的角"莫属了。从中世纪开始，"独角兽的角"就被欧洲人拿来进行天价交易。独角兽是美丽圣洁的象征，能够解毒和治疗伤痛，至今有些符号学中，还用独角兽来表示"治愈"。

欧洲古代油画里的独角兽

✳ 能吃能用的神奇角

　　很多欧洲贵族都用独角鲸的长牙作为酒杯，认为这样可以验毒、解毒；有些医生把它磨成粉，做成壮阳的补药，甚至还有人吹嘘它能治百病。丹麦国王曾经用它做成宝座，奥地利国王将长牙镶上宝石作为权杖。动人的传说加上名人效应，使得独角鲸的长牙身价倍增，最贵时价格是纯黄金的 10 倍，堪比如今的印度眼镜蛇毒的价值。在 16 世纪，英国女王伊丽莎白曾经收到过一根价值高达 1 万英镑的独角鲸牙齿，这笔钱在当时几乎可以修建一座完整的城堡。

　　虽然文艺复兴时期的丹麦学者瓦姆已经证明了所谓"独角兽的角"其实是鲸牙，并没有那么神奇，可是人们对长牙的追捧还是持续到了 18 世纪。这无疑给独角鲸的生存带来了巨大灾难。

　　心理学认为，想象是通过对现实原型再加工来完成的，人类用自己的想象创造了很多现实中不存在的食物，但却无法真正脱离自然界的原型来凭空创造。很多传说中的动物，如龙、美人鱼、飞马等都是由几种现有动物拼凑而成的。大家或许在许多奇幻电影中看到过独角兽的身影，那带螺纹的尖角，其实就是独角鲸的长牙的翻版。

　　对于大家来说，马并不是很陌生的动物，可是独角鲸就不同了，很多鲸类研究专家都很难一睹其真容。它到底是什么样的动物？它那不符合身体比例的带有螺纹的角到底有什么作用？现在，就让我们走近这位神秘的剑客。

✳ 走近神秘剑客——独角鲸

独角鲸（Narwhal），又称为一角鲸，是一种主要分布在北冰洋及周边海域的神秘动物。它成年时体重可达 1.5 吨，躯干长度 4 ～ 5 米，是个名副其实的大家伙。最吸引人的部分是雄性独角鲸头部那长达 2.5 米的"尖角"（少数个体的"角"甚至可以达到 3 米长，是按身体比例计算牙齿长度得出的牙齿最长的动物），独角鲸的名字也是由此而来，其拉丁语学名意为独角或独牙。虽然从中世纪开始，它就因为自己奇特的外形一直受到人们的关注，可是我们至今仍然未能全面揭开它的神秘面纱。

独角鲸的"角"其实并不是真正的角，而是它的长牙。独角鲸在胚胎阶段时，本来有 16 颗牙齿，但是出生时大部分都退化了，只留下上颌的 2 颗。1 岁之后，雄性独角鲸的左牙开始探出口外，逐渐长成两三米长的尖刺。独角鲸的牙是呈逆时针螺旋状的，就像一枚巨大的螺丝钉。这么说来，独角鲸的名字纯粹是一种误会了，它应该被称为"独牙鲸"或者"长牙鲸"才对。

独角鲸

✳ 独角有什么作用?

有长牙的动物不在少数,包括大象、野猪、香獐、海象,甚至已经灭绝的剑齿虎等,它们的长牙大多数是进攻或者防御的武器,也是雄性向雌性展示吸引力的工具。这些长牙也让它们显得凶狠异常,可是独角鲸的长牙却和大多数动物的长牙迥然不同,其绅士般的"打斗"方式也别具一格。

所有独角鲸的长牙都是中空的,在与同类争斗时,长牙撞击会产生乒乒乓乓的声音,看上去就像两个西洋剑客在决斗——不过独角鲸们通常都表现得很彬彬有礼,很少用牙尖扎刺对方。有人推测,这或许和毒蛇在打斗时不会用毒牙咬对方是一样的,是一种"绅士"间约定俗成的惯例——为了防止出现两败俱伤的局面。有的独角鲸还有两颗长牙,但是双牙鲸的出现概率非常低,只有 0.2% 左右。雌性独角鲸偶尔也有长牙,但是长度远远比不上雄性同类。

独角鲸身躯庞大,长牙又十分容易辨认,可是想找到它并不容易。它的游行速度极快,常年穿梭在浮冰的缝隙中,又能潜到 1800 米深的海底。生物学家莱德说:"想见它一面真的非常难,有时一年也见不到一次。"这给本来就相貌古怪的独角鲸又增添了一份神秘色彩。

那么,这位"神秘剑客"的"长剑"到底是干什么用的呢? 我们从未见到独角鲸像海象一样用长牙来进攻北极熊之类的敌人，而且它的长牙也太长（长度可以达到身长的一半），用于捕食或御敌远远不如剑鱼的上颌那么方便。独角鲸的牙齿内空腔还比较大，使得它非常脆弱，比较容易在穿刺物体后折断。

✳ 独角的误会史

早期的科学家认为，独角鲸的长牙是用来破冰的，作为哺乳动物，它有必要在冰上凿出呼气孔来，以维持自身生存。可是没有长牙的雌性该怎么办呢？这又是一个难以解释的问题。也有人认为，雄性独角鲸的长牙和鸡冠或孔雀羽毛的作用类似，是用来吸引雌性或威慑其他动物的，牙齿最长的个体可以得到更多的雌性，也能在种群中保持更高的地位。

直到 21 世纪，美国马里兰州盖瑟斯堡国家标准和科技研究院帕芬巴格研究中心的红外显微专家纳奥米·艾德尔曼等人通过对独角鲸牙齿解剖和 CT 扫描，绘制出独角鲸长牙的横切面，细致到可以看见细胞挨着细胞。他们发现，独角鲸的牙齿和一般哺乳动物的牙齿有很大区别：其他哺乳动物（如人类）的牙齿只有牙根处才有牙骨质（cementum）包裹，而它的牙骨质却暴露在外；其他哺乳动物暴

081

露出来的牙表面都包着牙釉质（enamel），可是它只有牙尖部位才有牙釉质，其余完全是牙本质（dentin）直接和海水接触。

在这里我们简要地介绍一下牙齿的这三个部位：牙骨质是包绕在牙根表面的一薄层骨样组织，厚度较薄，颜色较黄，有45%～50%的无机物，硬度类似于骨组织，与牙槽骨（牙床）紧密相接，平常都被包在牙龈中，只有在拔下来的时候才能看到——没错，就是牙齿根部的"尖角"上包裹的物质。牙骨质的硬度较差。牙釉质是牙齿外层的白色半透明的钙化程度最高的坚硬组织，也被称为"自然界第二硬的物质"（仅次于钻石）。它也被称为釉质，是牙齿最外层的组织，一般认为它是没有感觉的活组织，其新陈代谢过程较为缓慢。牙本质是构成牙体的主体部分，矿化程度不如牙釉质，但比牙釉质具有更大的弹性。它是处于牙釉质覆盖之下的组织，不把牙齿剖开，我们是看不到的。简单地说，如果一颗人类牙齿是一棵树的话，那上述三者（牙骨质、牙本质、牙釉质）的位置关系大概是树根、木质部、树皮。有人认为，独角鲸的牙齿是外柔内刚结构，使得它不容易轻易损坏，甚至可以弯折30厘米。同时，在潜入深海时，独角鲸的身体会面临巨大的水压，这种结构可以使它中空的长牙更能抵抗压力，不至于被水压挤碎。

牙齿竟然是感知器：我们的牙齿有时候因遭到酸性食物腐蚀或出现外伤，造成牙釉质缺损，就会使牙本质暴露在空气中，由于牙本质有很多细小的神经末梢，这让我们对冷热刺激都十分敏感，连哈气甚至都会感到有些不适。可是，独角鲸却能将牙本质浸泡在冰冷的海水中，这让人不由得对它的耐受力大加赞叹。基于这些发现，科学家们推测，它的长牙也许是用来感知水温的。通过显微镜可发现，长牙的神经末梢能达到上百万甚至一千万条，牙内部又是空心的，很有可能还具有感知大气压的功能，成为独角鲸特有的"气象站"。

另外，人们在其牙管内部还发现了类似血浆的溶液，在长牙接触海水时，内外盐度差会引起独角鲸的大脑活动变化。因此，独角鲸的长牙还能测量海水的咸度。独角鲸的活动和冰层融化情况息息相关，白色冰层都是由淡水构成的，其融化会影响海水的咸度，而独角鲸的长牙就是一支敏感的盐度计，能感受海水咸度的微妙变化。

鉴于独角鲸的长牙上有复杂的神经系统，美国康涅狄格州的牙科医生马丁·恩维亚推测，独角鲸的长牙能探测温度、压力、运动和化学污染的程度，甚至由此来推测出所在海域中是否有自己喜欢的食物（如大比目鱼等）。独角鲸的牙齿甚至提高了这种动物的社会化程度——长牙就像人类的身份证一样，独角鲸通过长牙的相互接触，来确定种群中的成员身份，并相互交流。

083

打斗竟然是聊天：既然独角鲸的长牙主要是感知设备，那么雄性独角鲸之间的"打斗"，有可能是一种依靠触觉信号"谈话"的行为。当然科学家们还有其他的解释：也可能是由于长牙上常常沉积海藻和一些盐类结晶，独角鲸为了保持它的灵敏度，要靠互相摩擦来清洁它。它们的"击剑"活动，和猴子之间互相清理毛发的作用一样，既能保持清洁，又能交流感情（当然，作为海洋生物，它们并不需要像猴子那样，通过吃毛发中排汗留下的盐粒来补充盐分）。

另外，长牙对独角鲸来说并不是必需的，很多折断长牙的独角鲸依然可以生活自理，并不会因此而死亡。没有长牙的雌性独角鲸，反而寿命比雄性更长，究其原因，或许是雄性的长牙常常会引来杀身之祸。至于长牙的真正用途，目前科学界还没有定论，就是以上理论，人们至今也争执不休——或许，独角鲸的长牙是一种多功能工具，就像瑞士军刀一样，并非只有一种用途。

✳ 长剑的用途

天然鱼叉：世代居住在北极的因纽特人早就会用独角鲸的长牙制造鱼叉、长矛等器具——也因为如此，很多人误以为独角鲸的长牙是它用来捕鱼的工具。除此之外，因纽特人也不会浪费独角鲸的其他部分，比如用鲸脂做油灯燃料，用鲸的肌腱做靴子和带子，而富含维生素 C 的生鲸肉则是他们过冬的主要食物。

仿生学素材：现代科学家认为，独角鲸的长牙对现代牙科和生物材料学具有重大意义，这种既柔韧又结实的材料对于科学进步会有一定的启发作用，因此对这种动物的保护也逐渐受到重视。可是它的皮、鲸油、肉以及有药用价值的腺体仍然受到很多偷猎者的觊觎，再加上另一个致命的灾难——全球变暖，其生存环境日趋恶化，这也让独角鲸的处境更加岌岌可危。

你不知道的月饼八卦

和粽子、汤圆一样，月饼也早就成了我国典型的节日性食物。每年中秋来临之际，吃甜馅还是咸馅的"南北大战"总是一触即发。说起战争，你或许不知道，月饼还真有与战争相关的八卦。

✳ 两场战争奠定月饼的人气

唐代的餐桌传说：相传唐朝初年的某个八月十五，名将李靖（后人因为崇拜他，说他是托塔天王、哪吒的爹）北伐少数民族归来，有吐蕃商人献给唐高祖李渊一批圆饼。唐高祖就非常高兴地请李靖等人来一起吃饼。李渊吃了之后，觉得这食品非常值得向大家推荐，便下令今后每到八月十五就让这种饼登上餐桌。由于这是少数民族送来的美食，所以就按照胡萝卜、胡椒等惯例，称之为"胡饼"。

传说月饼这个名字是杨贵妃为了让唐玄宗高兴而起的，但这估计是后人附会，因为这两个字真正出现在文人的笔记中是在南宋时期。当时这种食品也被称为"小饼"或"月团"，一年四季都有，且供不应求。如果能穿越到宋朝，现在的月饼生产商估计会更加高兴。值得注意的是，根据食客的评价，唐宋时期的月饼都是软的，和现在典型的硬皮月饼并不一样，但是根据下一则传说，元朝应该已经存在比较硬的月饼了。

秘密信封：在元朝末年的某个八月十五，趁着高富帅们都在对酒当歌开派对的时候，朱元璋带领的农民军准备起义。由于朝廷的安防工作十分周密，起义军为了传递信息，就将纸条藏在月饼当中，向战友说明起义时间。这个故事不见于正史记载，也不一定真是明太祖所为，但至少证明元朝末年的时候，月饼已经不是稀罕的食物了。

✳ 各地特有的传统月饼

文学家给予差评的北京月饼：说起最有京味的月饼，那肯定是自来红和自来白了。自来红和一般的月饼不同，形状像一个小馒头，还有一个红圈。其硬度相当大，里边的冰糖五仁馅咬起来相当费力，因此备受鲁迅弟弟周作人的抨击。为了让自来红月饼更可口一些，北京人又在饼皮中加入了猪油，做成了自来白月饼。可是这种月饼又会引起某些人的反感。

翰林题名的广式月饼：1889 年（清光绪十五年），广州城西的糕酥馆"连香楼"开门营业，主打莲蓉馅的月饼。1910 年（清宣统二年），翰林学士陈如岳品尝该店月饼后大加赞赏，但觉"连香"二字不雅，建议改成"莲香"，并手书了"莲香楼"招牌，沿用至今。如今广式月饼也在月饼圈子里独领风骚，其馅料简直如粤菜一样种类繁多，不仅有五仁、莲蓉、猪油等，还有叉烧、火腿、烧鹅、咸蛋黄等，甜中带咸，口感酥软。

杀入北京的苏式月饼：1773 年（清乾隆三十八年），苏州点心铺稻香村正式推出苏式月饼。这类月饼皮层酥松，色泽美观，馅料肥而不腻，有些月饼表面更是撒满了芝麻，和很多其他甜点很类似。如今，苏式月饼也占了月饼市场的很大一部分比重。

月饼南北大战：甜馅月饼在历史上是少有的可以碾压肉馅同类的存在。历史上爱吃又爱写文的几位大咖，比如苏东坡、袁枚、鲁迅、周密、吴自牧等，记载的都是甜馅的月饼。五仁月饼则是甜月饼的代表作品，馅料有核桃仁、花生米、松子仁、杏仁、芝麻、青红丝等。那神秘的青红丝，其实是染色的萝卜丝、冬瓜丝或者橘子皮。

五仁月饼

✳ 备受争议的奇葩月饼

怪名字的翻毛月饼：月饼有种类多样的外皮，北京护国寺有一种招牌月饼因外皮的特点而有个奇怪的名字：翻毛月饼。叫这个名字和皮鞋没什么关系，而是因为它的表皮特别酥脆，呈现出细密的"毛绒"质感，因此得名。根据清宫老人回忆，这是慈禧太后喜欢的甜点。

奇特的创新：随着改革开放的进程不断推进，很多更奇葩的月饼也出现在街头。比如考虑到中国很多省份的人民都爱吃辣味，香辣或者酸辣口味的月饼就应运而生，四川就出现过宫保鸡丁月饼。此外还有榨菜馅、腐乳馅、韭菜鸡蛋馅、巧克力馅的月饼，在此就不多说了。

犀牛角餐具的"奇妙用处"

在古代用动物制成的餐具中，犀角绝对是最贵的之一。古人认为犀牛和水牛、黄牛是同一类的动物（连牦牛都被称作"毛犀"），甚至它们作为中药也有同样的效果，不过犀牛更珍贵，犀牛角也被吹捧得更厉害。

其实犀牛角和牛角并不一样。牛角是直接长在头骨上的，而犀牛角则是皮肤的附属物，和指甲的成分类似。所以，我们在看古代犀牛化石骨架的时候，总发现它鼻梁上是光秃秃的。有些黑心商贩会把猫科、犬科动物的爪子打磨雕刻，假称是犀牛角做的饰品，一般人也看不出来。

东非犀牛

犀牛角的神奇功能：古人认为犀牛角是有灵性的东西，尤其是那种有一条白线从尖顶到底部贯穿的，这称为"通天犀"，是犀牛角中的极品，"心有灵犀一点通"的典故也是这么来的。

古人还给犀牛角赋予了神话色彩，比如：水塘中有毒的时候，犀牛用角接触过之后，就能解毒，其他动物再去喝水就安全了（现实中可能是犀牛比较霸道，其他动物都躲着它）；犀牛角具有分水的能力，这种能力不仅体现在整个犀牛角上，即使是三寸长的"通天犀"，雕刻成鱼的形状含在嘴里，下海时也能自动把水分开为两半（出自晋代炼丹家葛洪的《抱朴子》），简直和摩西的那根分开红海的魔法棒一样神奇。

纯天然空调：在古人看来，犀牛角简直是改善家居生活的神器——冬天能让屋里暖和，夏天能让屋里凉快；还能防止室内扬尘，净化空气，减少PM2.5的含量；夜里还能当夜明珠放光。最奇葩的是，古人认为它还能吓唬鸡！用空心的犀牛角盛米粒，鸡过来啄几口就被吓跑了。唐刘恂《岭表录异》卷中有云："又有骇鸡犀、辟尘犀、辟水犀、光明犀。此数犀，但闻其说，不可得而见也。"《西游记》中的最后一拨妖精——辟寒大王、辟暑大王、辟尘大王的名字就是这么来的，懂得典故的人看名字就知道他们是犀牛精了。孙悟空想把珍贵的犀牛角送给佛祖，可惜后来忘了。

犀牛角杯

饮酒器皿：古人还把犀牛角做成犀牛杯，不过因为犀牛角是实心的，想做杯子只能把中间挖空，当然古人也有可能是把它们和本来就空心的牛角弄混了。据《诗经》引《韩诗》说，"兕觥，以兕角为主，容五升"，其中"兕"意为雌的犀牛。因为犀牛角有药用价值，所以古人觉得用犀牛角喝酒能强身健体。

✳ 犀牛面临灭绝不只因为犀牛角

写实的国宝：犀牛是少有的留下非常写实雕塑的动物，西汉错金银云纹铜犀尊完美地还原了犀牛的形象，让我们知道它是真实存

西汉错金银云纹铜犀尊

在过的。犀牛曾经在中国广泛分布，《殷墟文字乙编》第2507片记载的"焚林而猎"卜辞中就说，殷王一次就捕获林中的犀牛71头。

犀牛皮甲：比犀牛角需求量更大的是犀牛皮，用它做的铠甲非常坚韧，是当时的高档货。吴国穿犀牛皮甲的士兵"十有三万人"。屈原《九歌·国殇》中，就用"操吴戈兮披犀甲"来形容当时的战争场景。由于环境变冷和人为的捕杀，汉代以后，中原已经没有犀牛。《后汉书》中曾记载南方国家把大象和犀牛作为珍贵贡品赠送给皇室；到了唐朝，记述云南地方及民族史的《蛮书校注》更是大惊小怪，讲到南方少数民族的人用陷阱捕犀牛，用犀牛皮做盔甲，觉得很不可思议。

因为古人的这些脑洞，本来在中国境内大量分布的犀牛数量越来越少，现在野外种群已经完全消失。如今，《濒危野生动植物种国际贸易公约》已经禁止了犀牛角的买卖。

好玩的习性：犀牛视力很差，有位老科学家曾经在电视节目中做过一个疯狂的试验——当犀牛直接冲他撞过来的时候，他静止不动，犀牛以为是石头或者树木，也就跟着停了下来。电影《七十七天》中男主角遇到野牦牛也被迫采取了这种方法。不过这种做法危险程度过高，千万不要随意效仿。

今日危机：2018年3月19日，世界上最后一头北方雄性白犀

095

第二章　古人的餐桌异闻

牛"苏丹"在肯尼亚被实施安乐死，结束了它多灾多难的一生，享年45岁。苏丹活着的时候由于后肢受伤，无法实现交配动作，因此没能产生多少后代。现在，地球上只剩下两头雌性北方白犀牛了。唯一值得庆幸的是，科学家已经保存了苏丹的精子，密封在柏林的实验室，希望将来技术成熟后可以人工繁殖。

现存的非洲犀牛有黑犀牛和白犀牛两种，很多望文生义的朋友会用体色来分辨两种犀牛，其实这是不对的，这两种犀牛的体色都偏灰。白犀牛之所以叫作白犀牛，完全是一个误会。白犀牛的名字源于荷兰语，本义是"wide（宽）"，指的是它们的嘴巴又宽又平，可是被人以讹传讹变成了"white"，其实它们应该叫作宽嘴犀牛。白犀牛有两个亚种，分别是南方白犀牛和北方白犀牛，这两个亚种之间的基因差别较大。目前，南方白犀牛还有超过2万头，93%以上分布在南非。

和白犀牛对应的是黑犀牛，它们的嘴巴形状和鹦鹉类似，可以方便吃到树叶。而白犀牛的嘴巴只能吃草，它们也是唯一一种纯粹靠地上的草过活的犀牛。我国古代的犀牛显然不是这两种，中国原有三种犀牛：印度犀（又称大独角犀）、爪哇犀（又称小独角犀）和苏门犀（又称双角犀）。由此可见，《西游记》中的犀牛是双角的苏门犀。如今这三种犀牛在中国的野外种群已全部绝种。

和其他犀牛相比，白犀牛的脑容量是最大的，可以推测它们的聪明程度要超过其他表亲。可是由于它们鼻子上的角是最长的，可以超过1.5米，所以备受偷猎者觊觎，以至于走向了灭绝的边缘。

✳ 受"吃啥补啥"的大脑洞残害的其他动物

古人认为动物器官的药效和动物本身的特点相关，于是很多动物都"躺枪"了。例如虎和豹是雄健的代名词，传统医学认为它们的骨头可以治疗风湿痹痛、脚膝酸软，能强筋健骨。又如蝙蝠在晚上也能自由飞行，有人就认为这一定是它的视力特别好，所以将蝙蝠屎作为可以明目的药材。

穿山甲

再如海狗是一夫多妻制，所以雄性海狗的生殖器也被拿来作为补肾的药材。最奇葩的是，由于穿山甲擅长"打通"，所以古人认为它的鳞片可以给妇女通乳。其实它的鳞片成分和猪蹄子尖端没啥区别。

本质上，穿山甲鳞片就是一种角质化蛋白，跟人类指甲、猪牛羊蹄甲的成分没有太大差别。那些仍坚持以穿山甲入药的人，是非蠢即坏，或既蠢又坏。还有许多人认为，穿山甲肉可以"大补"。因为穿山甲鳞片足够硬，民间也有吃穿山甲壮阳的说法，因此硬生生把分布广泛的穿山甲吃成了濒危动物。由于身体结构的特殊性，杀穿山甲和其他动物不一样，过程相当血腥暴力。根据相关数字统计，2019 年，穿山甲成为年度被捕杀最多的野生动物。2014 年，世界自然保护联盟（IUCN）在濒危物种红色名录上将所有的 8 种穿山甲的保育级别都提升到了"易危"（VU）以上，其中，中华穿山甲被正式定为"极危"（CR），珍稀程度超过国宝大熊猫，这意味着穿山甲距离野外灭绝只有一步之遥。但穿山甲饲养极为困难，想要大批量繁殖，成本比大熊猫还高。

穿山甲有 6000 万年左右的进化历史，是唯一一种有鳞片的哺乳动物（鳞甲目下唯一一个科），遇到危险之后会团成球，虎豹的利爪也无法伤害到它。穿山甲科包括穿山甲属 4 种，分布于亚洲；长尾穿山甲属2种，分布于非洲；地穿山甲属2种，也分布于非洲。

其实，吃穿山甲不但不能治病，还可能致命，因为它们也许是多种病毒的宿主。

第三章

书本上那些熟悉的陌生人

徐霞客、薛仁贵……这些人的名字你从没叫对

古人除了姓名，还有"字"，甚至还有"号"。通常在正式的场合下，如官方文书中，会称呼"名"；在比较亲近的人之间，会互相称呼"字"。历史上有这么一群人，他们的"名"会令你很陌生，但他们的"字"几乎尽人皆知，这种情况被称为"以字行"。

✳ 这些人，字比名更顺口

姜子牙：姜姓吕氏，名尚，字子牙，号飞熊，又称姜太公、师尚父、太公望、吕望，是商末周初著名的军事家、政治家。在周朝以及之前的时代，姓氏是贵族的专利。姓是母系血统的族称，用以别于他族；氏是从姓分出来的分支。周朝之后姓氏逐渐合并。

姜姓出自地名"姜水"（位于今陕西省宝鸡市），其分支到了新的地方，建立"吕国"（定都山西吕梁，后迁至河南南阳）。吕

国的建立者家族就称为姜姓吕氏。姓和名在当时通常不连用，因此，姜子牙的姓名最标准的称呼是吕尚。至于"太公望"这一称呼，根据《史记》的解释，是由于周朝从先祖"古公亶父"（尊称太公）起，就盼望能得到一个圣人，因此给姜子牙起了这么一个外号。

中国安徽名人馆姜太公钓鱼、周文王拜相场景雕塑

伍子胥：名员，字子胥，春秋末期楚国人，在吴国官至大夫。伍子胥有许多经典传说故事，如一夜白头、灭楚报仇等。伍子胥最终因为得罪吴王而被杀，头部被悬于城门示众，尸身则于五月初五被投入钱塘江中。江浙一带相传伍子胥死后化作涛神，端午节即为纪念伍子胥之日。

屈原：芈姓，屈氏，名平，字原，战国时期楚国著名诗人。其姓名最标准的称呼应当是屈平。关于端午节由来的传说，主要有屈原和伍子胥两大类。值得注意的是，根据闻一多等人的考证，端午节早在屈原之前就存在，最早可能是吴越地区对于龙的祭祀，只不过在屈原投江后，增加了纪念屈原的节日活动。最早将屈原和端午节联系起来的古代文献，是南北朝时南梁吴均的神话志怪小说《续齐谐记》，此时屈原已去世 700 多年。

项羽：姬姓，项氏，名籍，字羽，秦末著名军事家。司马迁在《史记》中为他立传，标题为《项羽本纪》。《项羽本纪》开端介绍主人公年幼时一直用"项籍"来称呼，然后插入了他叔叔项梁的故事，再次提到主人公时，就基本称呼他为"项羽"了。后世也通常称呼他为"项羽"，很少提其原名。

张仲景：名机，字仲景，南阳人。东汉末年医学家，建安三神医之一，被后人尊为"医圣"。由于古人常用"伯、仲、叔、季"来表示一家中儿子的排名，并通常体现在"字"中，因此我们可以得知，张仲景在家排行老二，类似的例子还有孙权（字仲谋）、司马懿（字仲达）等。但另一位汉代名人"董仲舒"的"仲舒"却不是字，因为他多次在奏章中自称"仲舒"，而在这种严肃的场合是应该称呼自己的"名"的。

谢灵运：名公义，字灵运，小名客儿，中国"山水诗派"鼻祖，同时也是旅行家、佛学家。李白多次在诗作中提到谢灵运。

徐茂公：原名徐世勣，字懋功，后赐姓李，又为避唐太宗李世民讳，去"世"字，单名勣。唐代名臣。在演义小说和民间传说中，是以"徐勣徐茂公"身份出现，常被描绘为张良、诸葛亮一样的军师。但历史上的他，其实是作为大将，在唐朝初年征战四方，死后的谥号是"贞武"。

苏定方：名烈，字定方，唐代名将，立下赫赫战功。但是在演义小说中，常作为反面角色出现，甚至世代和唐朝及罗成家族作对，因此隋唐题材的评书中又有《银枪苏罗恨》的故事。历史上的苏烈是唐朝的忠臣，最终在边疆病逝，从未反叛唐朝。

薛仁贵：名礼，字仁贵，唐代名将，有"三箭定天山""东征高丽"等著名故事，在民间广为流传。相比于其他隋唐英雄，薛仁贵的事迹在民间文学中改动较少，基本保留了其真实事迹。

温彦博：唐初名臣，根据《旧唐书》和其墓志铭记载，他"字大临"。但是《旧唐书》中又记载，他的哥哥名叫温大雅，字彦弘；弟弟温大有，字彦将。兄弟三人都做了卿相一类的高职。如果按照一般的取名规律，温彦博应该名为大临，字为彦博；同理，他两位兄弟的名和字也应该颠倒过来。有时，读者会把温彦博和北宋时期政治家、书法家文彦博弄混。后者从小就是神童，有"灌水浮球"的机智故事。

陈季常：名慥，字季常，自称龙丘先生，又号方山子，北宋眉州人，苏东坡的好友，成语典故"河东狮吼"中的男主角，以怕老婆闻名。苏东坡《方山子传》记载，陈季常并非民间故事中想象的文弱书生，而是有豪侠之气的神箭手。

刘伯温：名基，字伯温，明代开国功臣，是朱元璋手下的著名军师，与张良、诸葛亮齐名。同时，他也是一名文学家，和宋濂、高启合称"明初诗文三大家"。由他的字可知，他在家中排行老大。

唐伯虎：名寅，字伯虎，明代著名画家、书法家、诗人。民间传说，他生于寅年寅月寅日，因此名为唐寅。但据其墓志铭记载，他生于寅年二月初四，并不是寅月（正月）。唐伯虎的弟弟名叫唐申，生于猴年，可见他们家都是按照生肖起名，并不一定是年月日都属于同一个生肖。唐申并没有因为哥哥字"伯虎"，而根据同样的结构字"仲猴"，而是字"子重"。

文徵明：名壁，字徵明，自号衡山居士，明代画家、书法家、文学家、诗人，民间常写作"文征明"。他是唐伯虎的好友，二人与祝允明、徐祯卿并称"吴中四才子"，亦即电影《唐伯虎点秋香》中的"四大才子"的原型。

纪晓岚：名昀，字晓岚、春帆，号石云，道号观弈道人、孤石老人，直隶（今河北省）献县人，清代学者、文学家、官员。民间流传

许多关于他的机智故事，基本都以纪晓岚称呼他，极少提及其本名"纪昀"。

梁实秋：名治华，字实秋，笔名子佳、秋郎、程淑等，中国现当代散文家、学者、文学批评家、翻译家。他的笔名之一"程淑"源于妻子的名字"程季淑"。

✳ 外号比真名更有名

中国和外国都有一些名人，你以为你平时对他们的称呼就是本名，但其实都只是他们的外号而已。

徐霞客：名弘祖，字振之，号霞客。南直隶江阴（今属江苏）人，明代地理学家、旅行家、探险家、文学家。因《徐霞客游记》而闻名，以至于许多人以为这是他的真名。

祝枝山：本名祝允明，字希哲，因右手有枝生手指（六指），因此自号"枝山"。与唐伯虎、文徵明交好。他在历史上并不是喜剧片《唐伯虎点秋香》中只会向唐伯虎借钱的平庸书生，而是擅长诗文，尤工书法。

曹雪芹：名霑，字梦阮，号雪芹，又号芹圃、芹溪。清朝小说家、诗人、画家。"雪芹"二字出自苏轼《东坡八首》之三："泥芹有宿根，一寸嗟独在。雪芽何时动，春鸠行可脍。"有趣的是，除了写过《红楼梦》，曹雪芹还是个制风筝的高手，他制作的"曹氏风筝"，是乾隆年间京城风筝四大流派之一，并著有《南鹞北鸢考工记》，详细介绍了风筝的扎制理论和制作工艺。

柏拉图： 古希腊著名哲学家，原姓为阿里斯托克勒（Aristocles），意思是"取名恰当的"，后来因为他强壮的身躯获得了"柏拉图"的外号。在希腊语中，"柏拉图（Platus）"一词是"平坦、宽阔"的意思。

达·芬奇： 意大利文艺复兴时期画家、自然科学家、工程师，在外国通常被称为"列奥纳多"或"列奥纳多·达·芬奇（Leonardo da Vinci）"。由于是一个私生子，达·芬奇并没有一个真正意义的姓，"da Vinci"是指他的出生地芬奇镇。他的所谓全名"列奥纳多·迪·瑟·皮耶罗·达·芬奇（Leonardo di ser Piero da Vinci）"意思其实是"芬奇镇的皮耶罗绅士之子列奥纳多"，"列奥纳多（Leonardo）"才是他的名字。

李天王是真人，三太子是外国神

托塔天王李靖，是《西游记》和《封神演义》中的重要配角，是哪吒的父亲。但是查阅历史就会发现，李靖实有其人，是隋末唐初时的军事家。

李靖，本名药师，京兆三原（今陕西三原县东北）人，出身陇西李氏家族，唐朝皇族也自称出自此家族。他跟随李世民征战数十年，位列"凌烟阁二十四功臣"第八位。李靖还著有多部兵书，名满天下。在他去世后，历代王朝一直对其进行祭祀，民间也是香火不断。

在唐玄宗时期，师子国（今斯里兰卡）高僧不空在中国宣传佛教中的军神"毗沙门天王（又名多闻天王）"。这位天王手托宝塔，念诵他的相关经文，可以保证在战争中取得胜利，因此在民间收获了大量信徒。到了元代，李靖和毗沙门天王就已经融合为一个人。杨景贤在《杨东来批评西游记》中写道："天兵百万总归降，金塔高擎镇北方。四海尽知名与姓，毗沙门下李天王。"佛教中的军神在汉化的过程中被赋予了李靖的身份，而他的儿子也因此被吸收进了中国神话之中。

✳ 哪吒是个外国神

哪吒并不是中国原创的神仙，而是来自波斯和古印度的神话，是以"努扎尔"（Nuzar）和"那咤"（梵语：Nalakūvara）为原型加工改撰而成的宗教神仙。努扎尔是波斯战神，是波斯民族著名史诗《列王纪》（成书于 11 世纪）中记载的人物之一。努扎尔的父亲有三个儿子，努扎尔曾经跟随父亲四处征战，后来成为"皮西达德王朝"的第七位国王。随着波斯入侵印度，努扎尔也进入印度神话和佛教中，"那咤"由此诞生。在佛教中，他是多闻天王的第三个孩子，母亲是吉祥天女，师父是释迦牟尼。多闻天王手持宝伞和小宝塔，后来在中国经历一番发展，变成了封神榜中四大天王中的伞天王魔礼红和托塔天王李靖两个角色。

从波斯传到古印度，再从古印度传到中国，哪吒的名字也有了新的意思。"哪（ne）"在《康熙字典》里指"傩"，本义是驱邪消灾，鬼神之偶像；"吒"是"咤"的异体字，意即叱咤，指叱吓邪恶之意，万邪诸恶的克星，象征叱怒也；哪吒合一即以傩叱被禳鬼怪，有毫

无阻挡之威力与战无不胜之意义。在道教信仰中，哪吒拥有很多头衔，是中坛元帅、通天太师、威灵显赫大将军、三坛海会大神等；尊称有太子爷、三太子、善胜童子。

丑哪吒的来源：佛经《北方毗沙门天王随军护法仪轨》中记载"尔时那吒太子，手捧戟，以恶眼见四方"。哪吒的形象和夜叉类似。元代《三教源流搜神大全》也记载哪吒"身长六丈，首带金轮、三头九眼八臂、口吐青云、足踏盘石、手持法律，大喊一声，云降雨从、乾坤烁动"。在这本书中，哪吒已完成从佛入道的转变，成了玉皇大帝的手下神将，但依旧不是小孩子的形象。具体颜值如何呢？元末明初罗贯中《三遂平妖传》说哪吒"三个头一似三座青山，六只胳膊一似六条峻岭"，一开口，则"血泼泼地露出四个獠牙"。直到《西游记》中，哪吒才变成小帅哥。

哪吒为什么爱踢毽子：哪吒出生地是陈塘关，有一种说法是该地即现在天津的陈塘庄。在电影中哪吒最爱踢毽子，而毽子是天津的文化符号。2008 年，天津的一支花毽队受邀在奥运会比赛间歇进行表演，是当年唯一一支在奥运会赛场进行表演的民间体育队伍。在天津大大小小的公园，或者是小区空地一角，您都会看到三四个人围成一圈踢毽子，就像成都人喜欢打麻将一样。

哪吒的师父——四川原创神仙：太乙真人是神怪小说"封神故

111

事"的原创人物，并非取材于民间宗教，《封神演义》一书说太乙真人的修炼处在乾元山金光洞，而乾元山正好位于四川江油市西部，是哪吒文化的重要发源地。

那么太乙真人为什么爱喝酒呢？早在20多年前的1999年，电视剧《莲花童子哪吒》中，太乙真人就是个酒葫芦不离手的搞笑大伯，而且丝毫没有仙风道骨的意味。由于他不是出自宗教的神仙，古人就有不少人认为太乙真人是一个不太严肃的神仙，宋代鲁宗道在《莲花源》中写道："花开十丈照峰头，露裙红衣烂不收。太乙真人多逸兴，稳眠一叶泛中流。"

关羽只打过两仗？

关羽（约 160—220 年）可谓是中国民间最受欢迎的武将，只要有华人的地方，就有对关公的崇拜。关公的战绩大家可谓耳熟能详，如温酒斩华雄、三英战吕布、斩颜良诛文丑、千里走单骑、过五关斩六将、古城会斩蔡阳、华容道义释曹操、战长沙关黄对刀、擒于禁斩庞德等，简直是三国时期的"战神"。可是这些故事大多是小说《三国演义》根据民间传说而编写的，在正史《三国志》中，关羽亲自斩杀敌军的战斗只记载了两场，分别是白马之战和襄樊之战。

白马之战：200 年的官渡之战前夕，袁绍派遣大将颜良进攻白马（今河南滑县东北），曹操采纳荀攸之计，引兵先到延津，准备渡河袭击袁绍后方，然后在袁绍分兵应战之时，趁机以轻装部队回袭白马。袁绍不知是计，果然派出大量的军队前往延津应战。曹操立刻派遣张辽、关羽突袭白马。关羽在白马之战中，远远望见颜良的旌旗华盖，便驱动战马，在万军之中刺杀颜良，割下他的首级返回。

这是三国历史上的一次经典战绩，使得关羽威名远扬。

襄樊之战：这场战役开始于 219 年，关羽率兵攻打樊城。守将之一的庞德与关羽交战，射中关羽额头（这段故事也成了小说里"刮骨疗毒"故事的原型）。曹操派遣于禁督率七军共三万余人救援樊城。然而，关羽利用汉水暴涨的机会，水淹七军，使得于禁的军队大乱，于禁本人也被关羽擒获。随后，关羽军队与庞德带领的曹军展开了一场激烈的白刃战。庞德虽然在战斗中表现出色，但最终还是被关羽俘虏后斩杀。这次襄樊之战，关羽展现了他的智勇双全和出色的战术运用，水淹七军和擒于禁斩庞德成为他军事生涯的巅峰之作。这场战役也使得关羽的声望达到了顶点，威震华夏，曹操吓得一度想迁都。但不久之后，关羽就被东吴擒住，不屈而死。

此外，关羽还参与了其他作战，虽然他是否亲自下场打仗不得而知。

南郡之战：在赤壁之战后，208 年，孙刘联军和曹军展开了南郡之战。关羽领命率军北上，意图切断江陵的曹仁和襄阳的联系。他成功地阻止了曹操派出的多路援军，包括满宠、徐晃以及李通等，有效地牵制了增援南郡的曹军，为周瑜和刘备争取了时间和战机。此外，关羽还在江陵城的北边袭扰曹仁的补给线，攻击曹操派到江陵支援曹仁的军队，这是南郡之战的一个重要组成部分，被称为"绝

北道"——尽管在正史中对此的描述只有这三个字，且在《三国演义》中并未提及，但关羽的这项任务实际上是不容忽视的。

赤壁之战：这一战中，刘备派关羽、张飞带两千人跟着周瑜。周瑜也多次夸赞关、张二人的勇猛，可见这一场大战中，关羽、张飞还是有所表现的，只是《三国志》没有记载。在小说中，赤壁之战后关羽在华容道放走曹操，不过这是杜撰的情节。以下的关羽故事，全都不出自正史。

刮骨疗毒：具体时间不详，发生在刘备平定益州（214年）之后，但绝对不是在襄樊之战，做手术的医生也绝对不是华佗。华佗早在赤壁之战那一年（208年）就去世了，这段故事属于小说家的"嫁接"。

温酒斩华雄：历史上华雄是被孙坚所杀。《三国志》中记载，190年，关东军阀联合讨伐董卓，时任长沙太守的孙坚大破董卓军，将华雄斩首。小说为了突出关羽，将故事挪到了关羽身上，并且增加了温酒的情节。

三英战吕布：在《三国演义》中，三英是指刘备、关羽、张飞。然而，据《三国志》记载，参与讨伐董卓的并没有刘备、关羽、张飞三人。刘备征讨董卓的故事出自《英雄记》，但是这条记录在史学界有争议。吕布的主要对手是孙坚，孙坚曾经在与董卓的战斗中多次与吕布交战，并曾将吕布击败。

诛文丑：历史上的文丑是被曹操所杀。《三国志·武帝纪》中详细地描述了这场战斗：曹操采用了诱敌深入的战术，让文丑和刘备的军队进入了一个预设的战场，然后利用地形优势，对敌军发动了突然袭击，用少量兵力大破敌军，斩杀了文丑。

过五关斩六将：据《三国志》记载，关羽离开曹操后，曹操的部下曾请求追击关羽，但曹操劝阻说："各为其主，不要为难他们。"这表明关羽的离开是得到了曹操的许可，因此一路上并没有太多的围追堵截。此外，关羽所经过的路线也没有小说中所描述的那么艰险，更没有斩杀六名将领的事情发生。

古城会斩蔡阳：真实的历史是，在曹操与袁绍交战期间，袁绍派遣刘备前往汝南。匪首龚都集结了数千名部下，积极响应刘备的号召。曹操派遣蔡阳领兵攻打龚都。然而，蔡阳并未能成功击败龚都的军队，反而在战斗中失利，最终被刘备所杀。蔡阳在历史上只出现过这么一次就草草谢幕，但在苏州评话等民间文学中，蔡阳被称为"刀祖宗"，老当益壮，武力值非常高，关羽用了拖刀计才杀死他。

战长沙：历史上并没有记载关公和黄忠单挑的故事。《华阳国志》记载：刘备南平四郡。武陵太守金旋、长沙太守韩玄、桂阳太守赵范、零陵太守刘度均望风而降，并没有发生关羽和黄忠对阵，魏延斩杀

韩玄，带着黄忠一起投奔关羽的故事。

　　虽然关羽的大部分战绩是虚构的，但是并不能否定关羽的军事能力。首先，关羽镇守荆州期间，将地方牢牢守住，最后遭受曹、孙两家的夹击，在大将徐晃、吕蒙的围攻之下才被打败，可见他的战斗力让东吴和曹魏都难以小觑。

　　此外，史书多次记载关羽统领水军。关羽可谓是刘备阵营中，甚至所有北方出身的将领中，唯一擅长水战的大将。究其原因，除了本人的军事天赋、在新野时勤于训练水军，还有可能与他的出身有关：关羽出生于河东郡解县，也就是今山西省运城市盐湖区解州镇。

运城盐湖　摄影师：薛俊

第三章　书本上那些熟悉的陌生人

运城盐湖是北方最大的盐湖，也是山西最大的湖泊。同时，运城有黄河、汾河交汇，是水陆交通要道。关羽大概率从小就擅长游泳，也经常乘船往来于盐湖与大河之上，因此并不会像其他北方将领那样容易晕船，即便面对长江天险，他也有自信说一句："这水比我那流沙河如何！"

张飞那些奇怪的亲戚关系

提起张飞，我们都知道他是三国时期的猛将，但很少有人知道，他拥有许多令人意想不到的亲戚，这些亲戚遍布三国高层。

张飞的妻子：夏侯氏（约187—？），名不详（游戏中虚构的名字有夏侯月姬、夏侯涓），沛国谯县（今安徽省亳州市）人。曹操

明代张飞画像

部下大将夏侯渊的侄女。据史书记载，建安五年（200年），夏侯氏年仅十三四岁，出外砍柴时被张飞所遇，张飞见其美貌，便强行将其掳走，并娶为妻子。有人因此推测，是因为张飞长得比较丑，就像大众所认知的那样是个黑脸大老粗，所以一直没结婚。

在当时的社会背景下，女性地位低下，加上夏侯氏是敌对阵营夏侯渊的侄女，因此在史官看来并不觉得有什么不妥。张飞在婚后对她十分宠爱，也十分尊重。在夏侯渊于定军山战死后，夏侯氏请求刘备厚葬其叔父，刘备也答应了她的请求。后来夏侯氏成为刘禅的岳母。这也说明了夏侯氏在张家和蜀汉社会中的地位和影响力。

张飞的女儿：夏侯氏为张飞生下了两个女儿（史书没有记载她们的名字，某些游戏中虚构为张星彩和张瑾云），这两个女儿后来都成了蜀汉后主的皇后，分别是大张后和小张后。大张后被称为敬哀皇后，她在223年被立为皇后，237年去世。小张后则在238年被立为皇后，一直担任皇后直到蜀汉灭亡。她随刘禅一起被俘虏到洛阳，被封为安乐公夫人。史书并没有记载张飞的相貌，更没有记载大小张皇后的相貌。有些史家认为张皇后应该是相貌姣好，因此反推张飞也是英俊人物。可是这种说法也不太严谨，张飞能抢来夏侯夫人，说明夏侯夫人大概率是美女，张皇后可能遗传了母亲的容貌。此外，大张后是诸葛亮为刘禅选定的，诸葛亮自己的妻子也很丑，他有可

能更看重女性的内在修养，因此即便大张后相貌不佳，诸葛亮也会选中她。

张飞的外孙：刘禅有七个儿子，史书并没有记载哪些皇子是大小张皇后所生，但根据当时的规矩，不论哪位贵人生子，都算是皇后的孩子，生母只能算是"姨娘"。因此，在夏侯渊的儿子夏侯霸投奔蜀国时，刘禅指着自己的儿子介绍说："这是夏侯家的外孙。"可悲的是，刘禅被抓到洛阳之后的四个儿子（其余三子均在此前去世）后来都卒年不详，但肯定没活过西晋的永嘉之乱。

刘禅还有三个女儿，分别嫁给了诸葛亮的儿子诸葛瞻、关羽的孙子关统、费祎的儿子费恭。有趣的是，费祎的长女嫁给后主刘禅的太子刘璿作为太子妃，费、刘两家等于互相嫁过去一个女儿。

张飞妻家亲戚：在曹魏政权中，司马懿执政后，宗室曹爽的势力被清除，夏侯渊的儿子夏侯霸作为曹爽的心腹，感到在曹魏无法立足，因此选择逃到蜀汉。夏侯霸在蜀汉最高做到车骑将军，和之前的张飞一样高。之后，夏侯霸多次和姜维讨伐魏国。

夏侯霸也有两个让人意想不到的亲戚，分别是蔡文姬和司马师。夏侯霸的女婿是三国晚期至西晋的著名将领羊祜，羊祜的母亲叫蔡贞姬，和大才女蔡文姬是亲姐妹。羊祜的姐姐羊徽瑜则嫁给了司马师。

夏侯家与曹魏宗室：夏侯霸和曹魏可谓亲上加亲。夏侯霸的母亲是丁夫人，是曹操原配妻子的妹妹，因此夏侯霸要叫曹操一声"姨夫"。夏侯霸的大哥夏侯衡娶了曹操的侄女（曹操弟弟的女儿），因此也可以喊曹操一声"伯伯"。

曹魏与东吴的联姻：很多人知道东吴的孙权把妹妹嫁给了刘备，但很少有人知道曹操和孙权之间的姻亲关系。在曹操还比较弱势的时候，为了拉拢江东孙氏，就把弟弟的女儿嫁给了孙权的四弟孙匡，同时，曹操的儿子曹彰也娶了孙权堂兄孙贲的女儿。

袁术是孙权的老丈人：袁术是汉末著名的军阀，是袁绍的异母弟弟。建安四年（199 年）六月，袁术因病去世。6 个月后，孙策率领周瑜、孙权等人俘获了袁术家族的女眷，随后送往吴郡，并由孙权妥善安置。黄初二年（221 年）十一月，孙权被封为吴王，他选择将袁术的一个女儿接入宫中，册封为夫人。袁夫人以其贤良淑德著称，尽管她并未生育子女，但孙权仍然将其他姬妾所生的儿子交由她抚养。可惜的是，这些孩子都相继夭折。赤乌元年（238 年），在宫中地位等同于皇后的步夫人去世后，孙权有意立袁夫人为皇后。然而，袁夫人因自己膝下无子而婉言拒绝了这个提议。太元元年（251 年），孙权最终立潘淑为皇后。潘皇后性格嫉妒，她在临终前对袁夫人进行了不少诋毁。自此之后，关于袁夫人的记载便逐渐消失在历史的长河中。袁夫人的兄弟袁耀，在东吴官至郎中，其女嫁给了孙权的第五个儿子孙奋。

孙奋后来遭到侄子吴末帝孙皓的猜忌，自己和五个儿子都被杀。

袁绍后代不得了：《三国志》记录了曹操主动与袁绍长子袁谭约婚结亲，不久又退婚的事情。而袁绍的次子袁熙的妻子甄宓后来被曹丕抢去作为妻子。甄宓巧妙地利用曹丕对她的宠爱，成功地保全了袁熙与第一任妻子吴氏所生的儿子袁谦。袁谦小时候一直在甄宓的关爱下成长，但在甄宓嫁给曹丕后，他转由奶奶刘夫人抚养。一直到司马炎建立西晋时，袁谦仍然为官，担任高凉太守，这个职位相当于现今广东高州市的行政长官。袁谦的存在不仅让袁绍的后代得以传承，更为历史留下了丰富的遗产。唐朝时期著名的预言家袁天罡、宰相袁恕己都是袁熙的后代。

在战乱频繁的三国时期，抢夺他人妻子或女儿的现象确实较为普遍。这一现象的发生，往往与当时的社会环境、战争和政治斗争紧密相连。在那个时代，权力、领土和资源的争夺成为常态，人们的命运往往被战争和政治的波谲云诡所左右。在这样的背景下，抢夺他人妻子或女儿成了一种战争和政治斗争的手段。有时，这是为了巩固政治联盟，有时则是为了报复或扩张势力范围。同时，由于人口减少严重，能生育的女性也是当时重要的战略资源。在现代社会，随着法治观念的深入人心和道德规范的日益完善，抢夺他人妻子或女儿的行为已经被视为严重的犯罪行为，会受到法律的严厉制裁。

第四章

史书中的离奇事件

古代怪物目击记录

在大多数人的印象里，《二十四史》这样的官方史书的内容应该是非常严谨的。但实际上，这些正经的史书中，也有不少现代人看来难以理解的怪物目击记录。

孔子见过麒麟：《春秋》一书中有"西狩获麟"的典故。在春秋末期的公元前481年，鲁哀公带着他的大臣们到大野泽围猎，叔孙氏家臣鉏商捕获了一只怪兽，无人认识，就载了回来。孔子看了以后说："这是麒麟啊！"说完掩面大哭，涕泪沾襟。孔子认为麒麟是祥瑞仁兽，只有太平盛世才会出现。现在不是太平盛世，出非其时而被猎获，甚为感伤。不久，孔子就停笔不写《春秋》了。因此，《春秋》又别称《麟史》《麟经》。后来专给《春秋》做注释的三个版本，即《春秋左氏传》《春秋公羊传》《春秋穀梁传》，都更详细地讲述了这个故事。

西狩获麟图

夏朝的养龙"专家"：《史记·夏本纪》《左传》《竹书纪年》中，都记载了夏朝帝王孔甲派手下人养龙的故事。某一天，天空中降下了两条龙，一雄一雌。此时，有一个名叫刘累的人，是唐尧的后代，但家道中落，就自荐说自己学过养龙。孔甲于是命令刘累饲养这两条龙。刘累成功地让这两条龙能够吃饭喝水，孔甲对此表示赞赏，并赐给刘累"御龙氏"的封号。然而那条雌龙不幸死去，刘累害怕孔甲帝怪罪，于是偷偷地把死去的雌龙做成肉酱给孔甲吃，并没有告诉孔甲是什么肉。孔甲后来发现真相（一说孔甲吃上瘾了，让刘累再送上同样的肉酱），派人寻找刘累。刘累感到恐惧，于是带领家人逃到了鲁国（今河南平顶山市鲁山县）以躲避灾难。至今河南省漯河市临颍县巨陵镇还有豢龙村，就是因为这个故事而得名。

刘累也是有史以来第一个姓刘的人，后来被刘邦尊为祖先。

战国人物御龙帛画

刘累养的龙到底是什么动物，一直众说纷纭，有可能是不常见的某种鹿、鳄鱼、蟒蛇、娃娃鱼等，但一定不是普通的动物。

洛阳巨蛇：这是发生在唐玄宗天宝年间（742—756 年）的一个奇异事件，《旧唐书·志·卷十七》和《新唐书·志·卷二十六》都记在了洛阳巨蛇事件，词句几乎一模一样："天宝中，洛阳有巨蛇，高丈余，长百尺，出芒山下。胡僧无畏见之，叹曰：'此欲决水注洛城。'即以天竺法咒之，数日蛇死。"以唐尺的长度来换算，这条巨蛇的高度约为 3 米，长度约为 32 米。体形比已知最大的蛇类泰坦巨蟒（长约 15 米）还要长一倍多，一经出现就引起了极大的震动。当时，人们请来了天竺高僧善无畏来解决这个问题。善无畏观察了巨蛇的行为举止后，预言这条巨蛇准备引水漫洛城。于是，他使用天竺法咒对巨蛇展开攻击，几天后，巨蛇死去。旧唐书还补了一句："禄山陷洛之兆也。"认为巨蛇的出现是后来安禄山攻陷洛阳的征兆。但是这个故事也有个巨大的漏洞，这么大一条蛇，它死后尸体去哪里了呢？它的肉有可能被人吃掉，骨头和鳞片应该会被当作珍奇物品收藏起来，可是却没有任何相关记载。另一个漏洞是，善无畏早在开元二十三年（735 年）就已经圆寂，不可能出现在天宝年间。但也有人说，这是另一个叫作"无畏"的高僧，并非善无畏，此外也有可能是继承了他名号的弟子。

宋朝的"飞碟"：《宋史》卷六十六《五行志·金》记载："天禧二年五月，西京讹言有物如乌帽，夜飞入人家，又变为犬狼状。人民多恐骇，每夕重闭深处，至持兵器驱逐者。"讲的是1018年5月，流言开始在洛阳城（西京）中传播，说是在空中出现了一个形状类似帽盖的怪物，它不仅会在空中盘旋飞舞，还会发光。有人看到这个怪物变幻成了犬狼的形状，洛阳城中人心惶惶，人们每到晚上都会关紧门窗，躲在家中，或者拿着武器，准备驱逐这个怪物。如果这件事情是真的，此"怪物"可能是一种大型的狐蝙或者乌鸦。

吓死皇帝的怪物：《宋史·五行志·水》中记载："元丰末，尝有物大如席，夜见寝殿上，而神宗崩。元符末，又数见，而哲宗崩。"这个怪物的形状像是一张席子，两位皇帝的先后死亡均与其有关。到了宋徽宗大观年间（1107—1110年），这种怪物开始在白天出现。宋徽宗政和元年（1111年）以后，怪物活动更加频繁，每当听到人声时就会现身。最初，它发出的声音像是房屋倒塌的声音，体形有一丈（约3.3米）长，形状像乌龟，有着金色的眼睛，行动时发出砭砭的声音。周围弥漫着黑气，使得怪物的形象变得模糊不清，黑气所到之处，腥血四溅，连兵刃都无法施展。怪物还会变化成人形，或者变成驴的样子。从春天到夏天，这种怪物昼夜不停地出现，但到了冬天就很少看到了。它主要出现在皇宫中宫女居住的地方，有时也会进入内殿。后来，人们习惯了它的出现，因此不再感到特别害怕。到了宋徽宗宣和末年（1125年），怪物的活动逐渐减少，随后就发生了战乱，也就是导致北宋灭亡的"靖康之变"。有学者认为这个怪物就是"黑眚"，行对应五色，水对应黑色，"黑眚"即与水相关的黑气或黑色怪物。《清史稿·灾异志》中记载，乾隆三十九年（1774年）二月初一，高邑县（今河北省石家庄高邑县）出现了"黑眚"。

《宋史·五行志·水》中专门记录各种与水或黑色有关的异常事件，包括某年有暴雪、雹灾、蝗灾、大雾、黑气等。书中还记载，南宋孝宗乾道四年(1168年)春，"舒州（今安徽舒城）雨黑米，坚如铁，破之，米心通黑"。像铁一样硬的黑米从天上掉下来，在今天看来，这就是陨石的残骸，因为陨石中常见的一种就是铁陨石。好笑的是，《宋史·五行志·水》中还花了大量篇幅，不厌其烦地介绍三胞胎和四胞胎的案例，把这也当作异常事件。

有模有样的水怪：《宋史·五行志·水》多次记载龙的出现，例如"乾道五年（1169年）七月乙亥，武宁县龙斗于复塘村，大雷雨，二龙奔逃，珠坠，大如车轮，牧童得之"。书中还介绍了许多其他水怪。例如，宋孝宗淳熙十三年（1186年）二月庚申日，钱塘（今浙江杭州）的龙山江岸出现了一条巨大的鱼，它的体形像大象一样庞大。这条大鱼随着潮汐的变化而游动，最终又消失在水中。这可能是鲟鱼之类的大鱼。

南宋高宗绍兴十八年（1148 年），漳浦县崇照盐场的海岸线上连续出现了巨大的鱼，高数丈。人们割下了数百车的鱼肉，直到挖去它的眼睛，它才有所察觉。随后它转动鱼鳍，导致旁边的船只都倾覆了。绍兴二十四年（1154 年）四月，海盐县的海洋中出现了一条巨大的鳅鱼，一群虾跟随着它，发出的声音像是歌唱。这条鳅鱼抵达岸边，躺在沙滩上，仍然扬起鱼鳍挣扎，它的高度与县门相当。这两处记载的明显是大型鲸鱼，但是也比真正的鲸鱼夸大许多。

绍兴十八年，还有渔民捕获了一条鱼，长度超过二丈，重量达数千斤。当他们剖开这条鱼时，发现鱼腹内藏有人的遗骸。这应该是一种大型鲨鱼。

乾道六年（1170 年），都城（南宋都城临安，今浙江杭州）的北阙出现了一条黑色的鲇鱼，它的腹下长出了两只人手，每只手都有五个指头。这件事至今难以解释。

乾道七年（1171 年）十一月丁亥日，洞庭湖中出现了一只巨大的鼋。这只鼋的身长和宽度都超过了一丈。它爬上船只，用头部和足部压住了一艘重型舰船，最终导致船只沉没于水中。鼋其实是一种真实存在的大型甲鱼，可以长到近 2 米长，现在已经是极危物种。其他史书如《汉书》《晋书》《明史》中，也都记载了许多灵异事件。

陶然亭大老妖：正史中都记载了这么多灵异事件，野史肯定也不能免俗。晚清李岳瑞《春冰室野乘》记载："光绪甲午年三月，京师南城外陶然亭畔苇潭中，忽有怪声如牛鸣，余时在都下，尝亲闻之，确如牛鸣盎中，其声呜呜然。有疑为蛟蜃之属者，有谓盗窟此中者。市井人妄绘其形，名之曰大老妖。"当时的人们对此感到十分恐慌，纷纷猜测怪声的来源。据《博物》杂志考证，这是一种叫大麻鳽的罕见水鸟。它的叫声自带重低音效果，类似牛叫。

到了如今，却再也没人目击什么怪物。究其原因，可能是古代的照明设备不好，只能用油灯、蜡烛等照射，难免会让人看不清楚。加上读书人常年在昏暗的火光下看书，视力大都很差，有无数诗人提及自己视力不佳。古代虽然也有眼镜，由水晶石做成，明朝时期甚至出现了外国传来的玻璃眼镜，但也并不普及。因此，还是有很多人常年处于看不清的状态，就只能各种瞎猜。

另外，古人的知识储备大多仅限于自己从小生活的环境，例如《马可·波罗游记》中，提到了忽必烈汗拥有一片数米长的巨大羽毛，据说来自大鹏鸟，但这大概率是一种棕榈树的叶子。忽必烈等蒙古人根本没见过生长在热带海边的棕榈树，所以就根据形状认为这是鸟的羽毛。

棕榈树的叶子像羽毛

怪诞历史

古代女性的参军记录——各国都有"花木兰"

花木兰女扮男装替父从军的故事广为人知，可是历史上却没有记载花木兰这位女英雄。但纵观世界历史，女扮男装参军的案例还真不少。她们有的只是普通的士兵，有的甚至是军队的直接领导者。

黛博拉·桑普森：黛博拉·桑普森（Deborah Sampson，1760—1827）出生于美国马萨诸塞州，是美国建国初期著名的女英雄。她在一个贫穷的家庭长大，从小便展现出了强烈的独立性和冒险精神。她的青年时期正处于美国独立战争期间。尽管女性在那个时代通常不被允许参与军事行动，但她决心为国家的自由而战。她女扮男装，使用化名"Robert Shurtleff"，加入了大陆军，开始了她的军事生涯。在军队中，她勇敢地参与了多次战斗，并赢得了战友们的尊重和敬佩。在一次战斗中，一颗子弹直接打入她的大腿，她从马上摔了下来，浑身是血。她为了不暴露自己的女性身份，没有让外科医生给自己手术，而是自己进入浴室，在没有麻醉的情况下用小刀取出了子弹。

她还向乔治·华盛顿传递了重要的军事情报，为战争的胜利做出了贡献。

战争结束后，黛博拉恢复了她的真实身份，并开始了新的生活。她结了婚，生了三个孩子，并买了一个农场。在写完回忆录后，她成为相当传奇的人物，并以公共演讲者的身份周游全国。她成为一名受人尊敬的公民，积极参与了居住地的政治和社会活动。她还成为一名女性权益的倡导者，鼓励女性追求教育和职业机会。

桑普森的肖像画

马龙的南妮：马龙的南妮（Nanny of the Maroons，生卒年不详），也被称为女王南妮（Queen Nanny），是牙买加历史上的著名女英雄和军事领袖，至今牙买加的 500 面值纸币上还是她的头像。她是牙买加的黑人奴隶的后代，她所在的部族被称为马龙人，是西非黑人的一支。南妮以卓越的军事才能和非凡的领导力而著称，她率领的部队经常利用地形和出其不意的战术来伏击敌人，让英国殖民者感到困惑和恐惧。除此之外，或许是因为流淌着非洲狩猎民族的血液，她还是个精通伪装和隐蔽行动的专家，她的部队甚至能够放慢呼吸以避免被发现。因为常打胜仗，南妮被崇拜者们赋予很多神话色彩的事迹，如她可以徒手抓住子弹并扔回去打死敌人。

除了军事才能，南妮还是一位文化传承者。她鼓励牙买加同胞发展自己的音乐，借此激励大家。然而，关于南妮的去世日期一直是个谜，因为"南妮"是一个尊称，也表示"奶奶"或"姥姥"，许多地位高的女性都可能被称为"南妮"，这在一定程度上造成了混淆。

1975 年，牙买加政府宣布南妮为国家女英雄，她的画像也被印在该国 500 面值的纸币上。

印有南妮画像的牙买加钱币

拿破仑的女骑兵：玛丽亚－特蕾莎·费古尔（Marie-Thérèse Figueur，1774—1861），也被称为"不拘小节的女士"，以非凡的勇气和决心著称于世。她加入了拿破仑的军队，成为一名女龙骑兵——法国历史上著名的精锐骑兵部队，可以在马上使用火枪。她在战场上展现出了出色的战斗技巧，丝毫不逊于她的男性同胞。她的勇敢和决心不仅赢得了战友们的敬佩，也赢得了拿破仑本人的赞赏。

例如，某次她在东比利牛斯山脉与敌人作战，敌人忽然对着她开了一枪，但她没有害怕，而是冲过去刺穿了那人的喉咙。她本人的描述是："在军队俚语里，我们称之为'宰猪'。"事后她发现一颗子弹正中她的头盔，并把她左侧的头发弄得一团糟。在她的军旅生涯中，她曾多次失去坐骑，并且四度被俘，两次是被西班牙人俘虏，两次是被奥地利人俘虏，但她最后都成功脱险。她一直活到86岁。晚年她在回忆录里讲述了她传奇的一生。

妇妌和妇好：妇妌，作为商王武丁的第一任王后，生于井方（现河北省邢台市），是方伯之女。她在农业种植方面有着出色的才华，尤其擅长种植黍。除此之外，妇妌还积极参与了王室的各项活动，包括征伐、祭祀、占卜和进贡等。在卜辞中，我们可以找到她亲自征伐龙方的记录，这足以证明她在军事和政治方面的能力和胆识。

妇妌去世后，被尊以"戊"的庙号，这一荣誉体现了她在王室和民众中的崇高地位。更令人瞩目的是，举世闻名的"后母戊大方鼎"正是由她的儿子商王祖庚或祖甲为了祭祀她而特别铸造的。

妇好是武丁的另一个王后，是我国历史上有确切记载的最早的女政治家和军事家，同时也是中国历史上第一位有确凿证据的女英雄。从她的墓葬中发掘出的文物推断，她的姓很可能是"好"。而"妇"在古代是一种亲属关系的称谓，用以指代王族或贵族的女性成员。在铜器铭文中，她又被尊称为"后母辛"。这一称呼不仅体现了她在社会中的尊贵地位，也彰显了她为国家和民族所做出的杰出贡献。

图达王后：图达（Teuta，生卒年不详）是公元前 3 世纪伊利里亚（Illyria）地区的一位重要王后和统治者，有着非凡的领导力和军事才能。伊利里亚位于今巴尔干半岛的西部，是一个由多个部落和王国组成的地区。图达是其中一个王国的王后，后来她成功地统一了伊利里亚的各个部落和王国，建立了一个强大的王国。她还通过外交手段与其他国家建立了联盟，扩大了伊利里亚的影响力。

图达最为人称道的是她对罗

以图达为币面图案的硬币

马帝国的态度。虽然罗马是当时欧洲最强的国家，但图达却带领伊利里亚的军队与罗马进行了多次战争。她洗劫罗马商船，甚至还斩杀过罗马派来的使者。她以出色的军事才能和战略眼光，多次击败罗马军队，保卫了伊利里亚的独立和尊严，直到罗马派来了庞大的舰队才不得已投降。阿尔巴尼亚曾发行过以图达为币面图案的硬币来纪念她。

上述这些女性或者扮男装，冲杀沙场，或者统领人马，横扫敌军，无不展示了她们独有的勇气、智慧和坚毅。她们非凡的经历也启发了后来的女性，使她们更加勇敢地追求自己的梦想。

蝴蝶效应：决定历史走向的小事

提起历史走向，我们往往会想到改朝换代这样的大事件，但历史的发展往往是一个连续的、互为因果的过程。很多时候，一件可能看似微不足道的小事，就会引发一系列后续事件，这些事件逐渐积累起来，最终产生显著的影响。

斗鸡之变：春秋时期的鲁国，季平子和郈昭伯两位贵族都是斗鸡爱好者，他们各自豢养了一批斗鸡，时常进行比赛。在某一次的斗鸡比赛中，为了赢得胜利，季平子采取了作弊的手段，给他的鸡的肩腋播上芥子，斗鸡时以眯敌鸡之目。而郈昭伯也不甘示弱，他给鸡的后爪装上金属薄刀，斗鸡时以攻击敌鸡。最终，季平子还是败下阵来。

季平子内心极为不服，愤怒之下前去责备郈昭伯，但郈昭伯并不示弱，两人因此发生了激烈的争执。由于季平子的官位比郈昭伯高，于是季平子就利用自己的权势去羞辱郈昭伯，甚至在郈氏的土地上强行建立自己的宫殿。郈昭伯对此十分愤怒，但他知道自己在朝堂上的力量不足以与季平子抗衡。于是，他找到了另一个对季平子怀恨在心的贵族臧昭伯，两人联手向鲁昭公告发季平子。鲁昭公对季平子的专权行为早已不满，便借机惩治季平子。季平子一族又联合其他贵族家族发动政变，将鲁昭公逐出鲁国，使他最终客死异乡。这一事件不仅改变了鲁国的政治格局，也影响了整个中国历史的走向。季平子等贵族掌握了鲁国的实权，后来与孔子发生了冲突。孔子失败后，只得离开鲁国去周游列国。

卑梁之衅： 在春秋末期，吴国的边境城邑卑梁与楚国的城邑钟离比邻。一日，卑梁与钟离的两位少女在采桑叶时，因争夺桑叶而发生口角。双方家长闻讯后立即赶到现场，先是互相指责对方，继而大打出手，结果钟离的人打死了卑梁的人。

为此，卑梁的居民怒不可遏，守城的长官还带领士兵洗劫了钟离。楚平王接到钟离被袭击的消息后，不问是非曲直，立刻调动军队占领了卑梁。而吴王僚对楚国的领土早已垂涎三尺，正愁找不到出兵的理由，自然不会错过这个难得的机会，于是派遣公子光率领大军进攻楚国。最终，吴军攻占了钟离和楚国的另一座重要城市居巢。

就这样，本来是两国边界村民之间的冲突和仇恨，最终引发了一场战争，导致了两个大国之间发生全面冲突，改变了当时的政治格局。

夏无且的药囊：在战国时期，荆轲作为燕国使者拜见秦王嬴政，暗中准备刺杀秦王。当荆轲把匕首露出的那一刻，秦王嬴政感到极度恐慌，开始绕着柱子逃跑。然而，由于他的宝剑太长，一时难以拔出回击。这时秦王的御医夏无且迅速将手中的药囊当作武器扔向荆轲，让秦王争取到了拔剑反击的时间。这个小小的投掷动作不仅挽救了秦王的性命，也在一定程度上影响了后续的历史进程。因为秦王后来成功统一了六国，建立了中国历史上第一个中央集权的封建王朝。

刑场上的刀下留人：韩信初投汉军，尚未有机会展现自己的军事才能，便因触犯军规而被判斩首。面对即将降临的厄运，韩信并没有放弃，而是抬头大喊："汉王不是要争天下吗？为何要杀慕名而来的壮士？"这一声呐喊，震撼了在场的人，也引起了在场的夏侯婴的注意。

夏侯婴是刘邦的挚友和忠实追随者，也是刘邦的专用车夫，他跟随刘邦起义，一路征战，立下赫赫战功。当他听到韩信的呐喊时，立刻意识到这个人非同寻常，可能有着过人的才华和抱负。于是，夏侯婴走上前去，与韩信进行了简短的交谈。在交谈中，他发现韩信谈吐不凡、见识广博，确实是个难得的人才。夏侯婴心中一动，决定救下这个壮士。

在夏侯婴的干涉下，韩信得以免于一死。夏侯婴不仅救了他的性命，还向刘邦推荐了他。后来，韩信果然不负众望，凭借卓越的军事才能和战略眼光，帮助刘邦打败了项羽，夺得了天下。他自己也因此成为中国历史上最杰出的军事战略家之一。

狱卒手中的皇帝：汉武帝晚年怀疑太子刘据诅咒他，导致父子矛盾激化，最终，太子刘据自杀，卫皇后也自缢身亡。太子的孙子刘病已（前92—前49年）当时只是一个刚刚出生不久的婴儿，也被关入监狱。刘病已在狱中得到了狱卒邴吉的悉心照料，包括找人哺育，这才使得刘病已在狱中得以存活。当汉武帝下令将监狱中的犯人全部登记造册杀光时，面对使者，邴吉紧闭大门，拒绝执行皇帝的旨意。

随着汉武帝的去世，新的皇帝汉昭帝刘弗陵上台，政治局势发生了变化。刘病已虽然身世复杂，但他并没有直接参与任何政治斗争或阴谋，因此刘弗陵也没有治他的罪。刘弗陵20多岁就去世了，没有子嗣，经过一番波折，公元前74年，刘病已继承皇位，即汉宣帝，10年后改名为刘询，最终成为西汉的中兴之主。

马邑之谋的失败：公元前 133 年，西汉计划在马邑对匈奴进行一次歼灭战。匈奴的军臣单于率领大军到达距离马邑约百里的地方，发现沿途虽然有牲畜，但没有人放牧，心中顿生疑虑。匈奴在此时攻下了一个边防小亭，俘获了一个雁门尉史。在威逼之下，这个名字都没有留下的尉史，透露了汉军的计谋。军臣单于听后大惊，感叹道："几乎被汉军所骗！"他立即命令全军撤退，出塞后对雁门尉史说："我得到你的帮助，这是天意啊！天让你告诉我。"于是封尉史为"天王"。

韩安国等汉朝将领在马邑附近埋伏，但等了几天都没有见到匈奴的动静，不得不改变原来的作战计划，率军出击，结果已经没有匈奴的踪影。如果马邑之谋成功，那么汉朝与匈奴之间的和平可能会提前到来，从而避免后续的持续战争，这也将极大地改变汉朝的历史走向。

结束晋朝的夫妻争吵：东晋太元二十一年（396 年）九月二十日，孝武帝司马曜在后宫与宠妃张贵人饮酒。酒酣耳热之际，司马曜开玩笑地对张贵人说："你都快 30 岁了，又没有生孩子，等明天朕就废了你！"张贵人听后非常恐惧，担心自己真的被废，于是灌醉司马曜身边的侍从，与心腹宫女一起，用被子将司马曜活活闷死，司马曜被杀时年仅 35 岁。

司马曜天资聪慧，推崇儒学，在位时东晋有复兴的迹象。可是他死后，继位的儿子司马德宗是个比较愚笨的人，后来被权臣刘裕杀死；另一个儿子司马德文也成为傀儡皇帝，2年后被迫禅位给刘裕，东晋从此灭亡。

运气极佳的探险家们

　　地球上有太多未知的区域，而探险是人类特有的满足好奇心的方法。有些探险家可能是意外陷入险情，发现了新的大陆，有些则是主动挑战人类极限，让自己的生命焕发光彩。

　　横渡大西洋的残疾船长：霍华德·布莱克本（Howard Blackburn，1859—1932 年），出生于加拿大。18 岁时，他南迁到美国马萨诸塞州成为一名捕鱼船员。1883 年，一场暴风雨让他和同伴的小船与大帆船失散，由于失去了船桨，他只能用双手在冰冷的海水中划船。他还试图用袜子来保暖一只手，但结果却冻伤了脚趾，而手指的状况亦是每况愈下。最终，他的同伴放弃了，躺在平底小船上，第二天不幸去世。五天后，几乎没有任何食物、水和睡眠的布莱克本终于抵达了纽芬兰岛的岸边，找到了医护人员。他的双手因严重的冻伤而失去了所有手指，脚趾和半条腿也因冻伤被锯掉。

尽管历经磨难，布莱克本仍以英雄的身份回到格洛斯特，并在镇民的帮助下成功开设了一家酒吧。然而，他并未满足于此。他组织了一次前往克朗代克的探险，并加入了淘金热潮。与大多数人选择陆路不同，他选择了一条更具挑战性的路线，通过合恩角航行到达目的地。但后来布莱克本与合伙人产生了分歧，最终离开了旧金山的团队，没有淘金就回到了家乡。

　　在淘金失败后，布莱克本将目光投向了新的挑战——单人航行横渡大西洋。此前，阿尔弗雷德·约翰逊和约书亚·斯洛库姆已经完成了这一壮举。但对于一个失去手指的人来说，这无疑是一项巨大的挑战。1899 年，他驾驶经过改装的格洛斯特单桅帆船"大西部"号从马萨诸塞州格洛斯特出发，经过 62 天的漫长航行，终于抵达英国格洛斯特市。

　　回到马萨诸塞州格洛斯特后，布莱克本继续作为一名成功的商人繁荣发展。然而，他内心的冒险精神始终未减。1901 年，他驾驶着 25 英尺（约 7.6 米）长的格洛斯特单桅帆船"伟大共和国"号航行到葡萄牙，仅用时 39 天。1903 年，他驾驶多里船"美国"号再次独自出发，但这次因为恶劣天气而失败。此外，他还曾沿着密西西比河顺流而下，环绕美国东部。如今，他的单桅帆船"伟大共和国"号和多里船"美国"号仍可以在格洛斯特的安角博物馆中看到。

1932 年，布莱克本离世，他被埋葬在比奇布鲁克公墓的渔民安息区，许多当地人参加了他的葬礼。为了纪念他，音乐家艾伦·埃斯特斯还录制了歌曲 *Not With Ya Hands*，讲述了布莱克本传奇的一生。如今，布莱克本挑战赛已成为一项传统，每年举行一次。这是一项 20 英里（约 32 千米）的开放水域竞赛，环绕安角进行，对所有人力船开放。

徒步测量日本岛：伊能忠敬（1745—1818 年）是日本江户时代的天文学家、地理学家、测量家。他前后花费 17 年，徒步测量日本岛，绘制了第一张日本（北海道除外）地图——《大日本沿海舆地全图》。1762 年，他在一个商人家做了上门女婿，凭借自己的经济头脑，积累了相当可观的财富，相当于如今的 30 亿—35 亿日元。1795 年，在他 50 岁时，他把产业让给儿子，自己去江户学习测量，拜比自己小近 20 岁的天文学家高桥至时为师。当时日本的历法比较陈旧，常常出现错误，为了使历法更加准确，就需要知道地球的大小以及日本各地的经纬度。伊能忠敬提出了一个创新的方法，即通过天体观测来测量地面距离。他认识到，如果两个地点相距过近，绝对误差的影响将会非常显著。但如果以江户到虾夷地（今北海道）为基准，这种绝对误差的影响将会大大减小。这也成了伊能忠敬后来决定亲自走遍日本沿海绘制地图的重要原因之一。

149

宽政十二年（1800 年），56 岁的伊能忠敬自费开始了他的第一次测量之旅。他的测量器具很简单，例如计步器是一个木杆连着木轮，靠徒步推动记录轮转的圈数来计算走过的里程的简易装置。他首先前往了虾夷地附近，以及关东北部和日本的东北地区。为了更全面地了解北海道的宗谷地区，伊能忠敬特别委派了弟子间宫林藏前往进行测量。他的测量技术精湛，幕府出于自身利益和想要了解萨摩藩的实际情况，逐渐开始资助伊能忠敬的测量工作。随后他又进行了 10 次测量（第 9 次没有亲自参加），精确地推算出纬度 1 度的本初子午线长度约为 28 里 2 分（约 110.7 千米），从而进一步估算出地球的周长约为 4 万千米。这一结果与现代测量的地球实际周长相比仅有 0.1% 的误差，这显示了伊能忠敬卓越的测量技术和对地理学的深刻理解。

　　虽然在测量的路上充满了危险，如虾夷地的山路十分陡峭，种子岛附近海浪汹涌，他的很多团队成员也在考察中去世，可他依旧坚持下来。1818 年他去世后，由老师高桥至时的儿子高桥景保继续完成地图的绘制，最终在 1821 年完成了一份精确的地图。

　　北美的探路先锋：莱夫·埃里克松（Leif Erikson，970—1020），外号"幸运的莱夫"，生于今天的冰岛，他比哥伦布早了近 500 年发现北美洲。

150

他的父亲"红发埃里克"在格陵兰岛建立了第一个挪威人的据点。莱夫长大后，带领一些船员出海，在从挪威前往格陵兰岛的途中，被风吹离航线后发现了"赫尔吕兰（helluland，平地）""马克兰（markland，林地）""文兰（vinland，葡萄地）"，大多数研究人员和学者认为这些是北美的某些地区。随后，他们将新发现的货物（如葡萄树、人工种植的谷物）样本装载到船上，向东航行至格陵兰岛，沿途营救了一群遭遇海难的水手——也因此赢得了"幸运的莱夫"的绰号。莱夫回家后，发现父亲已经去世，因此内心自责，没有返回文兰，但来自格陵兰岛和冰岛的其他人却返回了文兰。莱夫在文兰的成功探险鼓励了其他挪威人也踏上旅程，他们成为第一批殖民北美地区的欧洲人。但最终，挪威人没有建立永久定居点，在哥伦布发现美洲大陆时，这群挪威人已经被大部分欧洲人遗忘。如今，美国的挪威人后裔将每年的10月9日定为"莱夫·埃里克松日"以纪念他的功绩，并在西雅图、波士顿、明尼苏达州矗立起了他的雕像。

莱夫·埃里克松的雕像

淘金神枪手：乔纳森·R.戴维斯（Jonathan R.Davis，1816—？），是美国淘金热时期的探矿者。他曾经在军队服役，参加过美墨战争。战争结束后，他所在的军队解散，他成为一名淘金者。当时的美国西部治安很差，到处都是强盗。1854年12月19日，戴维斯和两名同伴沿着一条矿工小道徒步旅行时，遭到一伙国际强盗的丛林袭击。

匪徒包括一名法国人、两名美国人、两名英国人、四名墨西哥人和四名澳大利亚人。戴维斯的两名同伴纷纷中枪倒下，他没有慌乱，拔出两把手枪，很快就用 12 发子弹射杀了七名强盗。在双方的子弹打光后，戴维斯又抽出匕首，和四名强盗展开了白刃战，最终将四人杀死。幸存的强盗夺路而逃。一群矿工目睹了枪战，他们埋葬了死者的尸体。戴维斯包扎好幸存的一名同伴，扛着他离开。

矿工们回到镇上后与当地媒体分享他们所目睹的故事，戴维斯因此而名声大噪，但其日后却过上了低调的生活。人们不知道他之后都干了什么，只知道 1887 年，戴维斯还因在美墨战争中服役而申请了退伍军人养老金。这位运气和战斗力都达到天花板的探险家，就这样消失在历史中。

第五章

古代宠物的
生活

中国家猫小史

　　家猫在中国早已成为广受欢迎的宠物，可是它们却并不是原产于中国。据现代的基因研究，家猫似乎源于埃及和中东地区，而中国古代的猫几乎都是野生猫。1997年，在陕西省华县（今渭南市华州区）泉护村的一处考古挖掘点，考古人员发现了至少2只猫的8块骨头碎片，经过对这几块骨骼的同位素进行分析，猫的饮食中含有大量的谷物。但是我们无法确定，这些猫是在人类居住地附近捡垃圾或偷食物吃，还是被人类饲养。

　　早期典籍中的猫几乎都是野生猫科动物。《诗经·大雅·韩奕》中说："孔乐韩土，川泽訏訏，鲂鱮甫甫，麀鹿噳噳，有熊有罴，有猫有虎。"此处的猫指的是野生的猫科动物，朱熹注释"似虎而浅毛"，根据分布地区推断，可能是豹猫。《逸周书·世俘解》记录了周武王的一次狩猎成绩："禽虎二十有二，猫二。"这里的猫是被捕猎的对象，还没有被驯化。战国时《庄子·秋水》中提到"骐骥骅骝，一日而驰千里，捕鼠不如狸狌"，《韩非子·扬权》中提到"使鸡司夜，令狸执鼠，皆用其能"，其中的狸狌和狸都是野猫的泛称。

甘肃省武威市磨嘴子汉墓出土的木猫

第一种比较明确的说法是，家猫是由张骞开通丝绸之路后，从西域带入汉朝，而十二生肖在夏朝就开始出现，春秋时期就基本定型，所以猫没被加入进去。西汉东方朔的《答骠骑难》中写道："骐骥、绿耳、蜚鸿、骅骝，天下良马也，将以捕鼠于深宫之中，曾不如跛猫。"不过这篇文章可能是后人杜撰，不太可信。比较可信的是汉宣帝时期戴圣的《礼记·郊特牲》中所说："古之君子，使之必报之。迎猫，为其食田鼠也。"此处依旧没有说明猫是野生的还是驯化的。从战国的《吕氏春秋》到三国的《魏略》中，都提到捕鼠主要是靠狗。西晋怀帝永嘉初年有童谣："洛中大鼠长尺二，若不早去大狗至。"

意思是洛阳出现一尺二寸（约 40 厘米）长的大老鼠，这老鼠最好识相点早早溜掉，不然大狗就来捉它了。

四川省三台县郪江镇的汉代崖墓中狗捉耗子的画像石

可能是猫的独立性较强，没有狗那么容易驯化，所以这时候猫在史料中的出镜率不高。另外一些文物中，倒是有非常卡通化的猫出现，马王堆汉墓出土了猫纹漆盘，上面的猫有尖耳朵和长尾巴，浑身黑色，眼睛为红色，看上去非常像玩具。盘内底书写着"君幸食"三字，是劝君进食之意，盘外底和外壁分别写着"九升""轪侯家"。马王堆汉墓这批漆器上的狸猫纹，可能是迄今所见最早的猫属动物图像资料，这也让墓主人辛追夫人有可能成为早期的"吸猫狂人"。之所以在漆盘上画猫，有可能是因为猫能捕鼠，代表家有余粮，是富足的象征。

彩绘猫纹漆盘

目前已知的明确说明驯养家猫成功的记载，出自魏晋南北朝时期。东晋道士许逊在《玉匣记》中说："纳猫吉日：甲子，乙辰，丙午，丙辰，壬午，庚午，壬子。宜天德、月德、生气日。忌飞廉日。"并附相猫法："猫儿身短最为良，眼用金银尾用长。面似虎威声振喊，老鼠闻之立使亡。"又法："露爪能翻瓦，腰长会走家。面长鸡绝种，尾大懒如蛇。"不仅记录了把猫"请"入家中的黄道吉日，连什么样的猫是好猫都记载了：短身子、金色眼睛、长尾巴、面带虎威的猫最好；而爪尖外露的猫容易破坏瓦片，腰长的容易离开家，脸长的容易杀死鸡，尾巴粗大的懒惰。此外该书的《民俗吉凶日篇》中记载："猫眼定时辰歌诀：子午卯酉一条线，寅申巳亥圆如镜，辰戌丑未枣核形，十二时辰如决定。"不过猫咪的瞳孔到底是什么形状，其实取决于光线的强弱，和时辰并没有直接的关系。

南朝梁太学博士顾野王记载："猫……似虎而小，人家畜养令捕鼠。"同时期北魏贾思勰的《齐民要术》中说："其屋，预前数日著猫，塞鼠窟，泥壁，令净扫地。"

明代学者彭大翼在《山堂肆考》中认为："猫非中国之种，出西方天竺国……释氏因鼠咬佛经，故唐三藏往西方带归养之。"这种说法显然晚了，可能和大唐高僧鉴真的故事混为一谈。唐朝鉴真东渡的时候，为了防止佛经被破坏，也为了防止老鼠咬坏船上的缆绳，所以随船携带了一批能捕鼠的猫。

无可争议的是，从隋唐时期开始，家猫在中国人的文字中出现频率激增。不论是民间还是宫廷，猫都成了常见的宠物。猫不仅出现在文人的文章中、画家的绘画中，也成为年画、幼儿服装中的常见元素。

✳ 文人圈子多猫奴

猫成为中国人重要的室内宠物后，许多文人发挥自己的专长，把猫写入了诗中。古人在诗中经常将猫称为"狸奴"。狸是一种比猫大的野生动物，并没有特指的物种，现在生物中可以被称为狸的有果子狸、熊狸等灵猫科动物，也有狗狸（貉）这样的犬科动物。古人认为猫会跟着狸打猎，就像是狸的随从一样，所以将之叫作狸奴。理论上来讲，小动物跟着其他物种打猎的情况也会存在，但不是做随从，就是捡漏而已。而对于文人来说，猫是重要的家养动物。

✻ 文人圈中第一猫奴——陆游

陆游可能不是养猫最多的文人，但绝对是为猫写诗最多的一个。当他得到一只小猫后，一口气就写了三首《赠猫》。第一首是：

> 盐裹聘狸奴，常看戏座隅。
>
> 时时醉薄荷，夜夜占氍毹。
>
> 鼠穴功方列，鱼餐赏岂无。
>
> 仍当立名字，唤作小於菟。

这首诗的大致意思是：按照当时的习俗，用一包盐换回了一只小猫，常常看见它在我的座椅边上嬉戏玩耍。它常常会因为爱吸薄荷的芬芳而癫醉，晚上还想着占据我的毯垫。刚刚立下了扫荡鼠穴的功劳，我怎么可能少得了给它一顿鱼做犒赏？按例应该给它起个名字，我就叫它小老虎吧。

小猫为什么对诗人这么重要呢？陆游在第二首诗中这样写道：

> 裹盐迎得小狸奴，尽护山房万卷书。
>
> 惭愧家贫策勋薄，寒无毡坐食无鱼。

原来老鼠容易咬坏陆游珍贵的书籍，所以必须用小猫来当保镖。可是"猫主子"这种我行我素的动物怎么可能每次都如你所愿呢？且看《赠猫》第三首：

> 执鼠无功元不劾，一箪鱼饭以时来。
>
> 看君终日常安卧，何事纷纷去又回？

意思是：捉不到老鼠的时候我也不会追究猫，每天的一盆鱼饭都会按时送来。我就是想看着你整天趴在那里陪伴我，可你为什么又忙忙碌碌地来来回回？

可以看出，仅仅创作三首诗的时间，他就被小猫完全征服了。后来陆游发现，自己家的老鼠几乎被小猫抓干净了，于是写了一首标题巨长的诗：

鼠屡败吾书偶得狸奴捕杀无虚日群鼠几空为赋此诗

> 服役无人自炷香，狸奴乃肯伴禅房。
>
> 书眠共藉床敷暖，夜坐同闻漏鼓长。
>
> 贾勇遂能空鼠穴，策勋何止履胡肠。
>
> 鱼飧虽薄真无愧，不向花间捕蝶忙。

从诗句中可见陆游非常兴奋，放到现在肯定要发朋友圈。他的猫可不止小老虎一只，还有一只名叫"雪儿"。从他写雪儿的一首诗中，我们发现了猫的另一个功能：

得猫于近村以雪儿名之戏为作诗

似虎能缘木，如驹不伏辕。

但知空鼠穴，无意为鱼餐。

薄荷时时醉，氍毹夜夜温。

前生旧童子，伴我老山村。

从诗中可以发现，在没有暖宝宝的古代，猫可以起到取暖的功能。陆游在诗句中也多次夸赞：

十一月四日风雨大作二首（其一）

风卷江湖雨暗村，四山声作海涛翻。

溪柴火软蛮毡暖，我与狸奴不出门。

陆游在南宋境内都这么冷，那么北国的民众怎么办呢？巧的是，和他同时代的金国诗人刘仲尹也发现了猫的这一用处，有诗为证：

不出

好诗读罢倚团蒲，唧唧铜瓶沸地炉。

天气稍寒吾不出，氍毹分坐与狸奴。

但是很快，陆游就发现，自己把"猫主子"惯坏了，于是他写下了这一首：

二感

狸奴睡被中，鼠横若不闻。

残我架上书，祸乃及斯文。

乾鹊下屋檐，鸣噪不待晨。

但为得食计，何曾问行人。

惰得暖而安，饥得饱而驯。

汝计则善矣，我忧难具陈。

"猫主子"吃饱了鱼，就不想抓老鼠了，陆游很无奈，但是后果似乎不严重，也没见他惩罚猫。于是"猫主子"越发诠释了什么叫蹬鼻子上脸。陆游被"猫主子"弄得很难受，只好再次写诗谴责，希望"猫主子"能讲点武德。

嘲畜猫

甚矣翻盆暴，嗟君睡得成！

但思鱼餍足，不顾鼠纵横。

欲骋衔蝉快，先怜上树轻。

朐山在何许？此族最知名。

但是生气归生气，猫最大的功能，就是给陆游温暖的陪伴。在一个个孤单的夜里，已经长成大猫的狸奴陪着陆游度过，已经成为他生命中不可或缺的部分。

独酌罢夜坐

不见曲生久，惠然相与娱。

安能论斗石，仅可具盘盂。

听雨蒙僧衲，挑灯拥地炉。

勿生孤寂念，道伴有狸奴。

❋ 买猫不能用钱

陆游在诗中多次提到，要用一包盐换来小猫。宋代收养一只猫称为"聘猫"，俨然和家中添一口人一样。除了用盐，还可以用鱼来换。黄庭坚（1045—1105）也受到过老鼠的困扰，所以用柳条穿起鱼来换小猫。

乞猫

秋来鼠辈欺猫死，窥瓮翻盘搅夜眠。

闻道狸奴将数子，买鱼穿柳聘衔蝉。

衔蝉指的是嘴巴周围有深色花纹的猫。在黄庭坚的眼中，自己家的猫简直就是一个大将军：

谢周文之送猫儿

养得狸奴立战功，将军细柳有家风。

一箪未厌鱼餐薄，四壁当令鼠穴空。

黄庭坚将自家的猫比作细柳屯兵的周亚夫，可见（至少是此时）比陆游家的猫守规矩。元代的诗人唐琪也养了有花纹的猫，而且还仔细观察，把猫洗脸也写到了诗句当中。

猫

觅得狸奴太有情，乌蝉一点抱唇生。牡丹架暖眠春昼，薄荷香浓醉晓晴。

分唾掌中频洗面，引儿窗下自呼名。溪鱼不惜朝朝买，赢得书斋夜太平。

唐琪和陆游一样都是会稽山阴（今绍兴）人，爱猫也是一脉相承。虽然身在元末明初，也自称南宋遗民。由此看来，铁骨铮铮的爱国诗人，也有撸猫的温柔一面。

✳ 诗人抢猫

除了用盐和鱼换猫，古代还有文人靠讹人得此的。唐朝的裴谞（719—793 年），出自山西裴氏，唐代最有势力的大家族之一，《隋唐演义》中裴元庆的原型裴行俨就是这个家族的。他性格潇洒，也很有幽默感，有一次判案留下了一首打油诗：

又判争猫儿状

猫儿不识主，傍家搦老鼠。

两家不须争，将来与裴谞。

看诗中的描述，两家显然是为了争夺一只猫打官司。裴谞之前应该已经审过一次这个案件，可是两家仍然不满意。裴谞也不知道该怎么判，索性没收充公：拿来吧你！

狗在古代能发挥多大作用

　　我们常说狗是人类最好的朋友，可狗在汉语中，却常常是贬义词，早在汉魏六朝时期的《汉武故事》一书中，就提到汉景帝刘启的妃子栗姬因为景帝说了一句她不喜欢听的话，她就大骂景帝"老狗"。其他贬义词也都是古人传下来的，如狗仗人势（出自明代李开元《宝剑记》）、狐朋狗友（出自元代关汉卿《单刀会》）等，以至于现在连单身人士都被叫作"单身狗"。很多朋友这时候就不高兴了：虽然我单身，可是我也是人，可不可以不要用这个"狗"字啊？而且，为什么单身的人偏偏叫单身狗，而不是单身猫、单身猪、单身白鳍豚？难道大家都和最好的朋友过不去？这就要从人类和狗的关系说起了。

✳ 最早驯化的动物：六畜

猪　　　　　　马　　　　　　牛

羊　　　　　　鸡　　　　　　狗

首先，狗是人类最早驯化的动物之一。人们举例的时候，总是爱拿最熟悉的东西"开刀"，比如经常"躺枪"的"隔壁老王"，你肯定不会举例说"隔壁老欧阳"。如果用最熟悉的几种动物来鄙视人，那人类最早驯化的几种动物——狗、猪、羊，就最方便拿来用了。虽然没有定论，但人类驯化这几种动物的历史，都至少有8000年了。

我们来挨个扒一扒人类的这几种老朋友吧。羊最早是被中东的游牧民族驯化的，中国人驯化羊较晚，大约有5000年历史，而且羊在中国一直是南北分布严重不均匀的动物，主要分布在北方。所以羊在中国的社会认知度不高，有幸躲过一劫，只有基督教中有"替罪羊"的说法。鸡作为鸟类，和人类相差太大，而且据西汉《韩诗外传》，鸡有文武勇仁信五种美德，除了智商低点（呆若木鸡，原本不是贬义词），能黑的地方不多。后来加入六畜的牛、马是主要劳动力。至于家猫，那是西汉才传入中国的，以至于十二生肖排座次都没赶上，在传统文化中存在感太低。

因此，最受抨击的就是猪、狗二位了。猪身上槽点太多，懒、肥、贪、笨（其实猪智商也不低），而狗作为充满"奴性"的动物，也会被拿来骂人。但一般我们骂人，会脱口而出"狗东西""狗屁"，而不是"猪东西""猪屁"，连鲁提辖拳打镇关西时，都骂他"狗一般的人"。现实中，即便中国人再爱狗，也不愿意自己被称作狗。

狗之所以在被骂方面能超过猪，一方面，相比于只能经常出现在农村的活猪，狗在农村、城市都很常见，也让人类更熟悉；另一方面，猪也确实有很勇猛的一面，《汉书·食货志下》就有记载："匈奴侵寇甚，莽大募天下囚徒人奴，名曰猪突豨勇。"说的是王莽组织囚犯军队，用猪来命名，强调其勇猛，用来对付匈奴的侵略。至今，农村杀猪往往好几个壮汉才能将其按住，杀狗却一个人就能将其勒死。

关于狗具体是什么时候被人驯化的，目前尚存争议，但是根据化石来看，至少 15000 年前，狗就已经开始和人类一起生活了。在分类学上，所有的狗都是哺乳纲真兽亚纲食肉目犬科犬亚科犬属的动物，最初的狗可能只是以吃人类剩下的肉食为生的野生动物，后来才逐渐和人类关系亲密。狗子们在当好助理这件事上是非常有诚意的，7000 年前人类开始种植粮食，狗甚至进化出了能消化淀粉的肠胃，和狼表亲划清了界限。

✴ 最亲近人的"家养狼"

家犬在某些时候会学狼叫，这就是体内的狼基因在起作用。人类也有很多猿猴祖先遗留下来的特点，比如怕蛇、爱吃水果之类的。现存的所有家犬，虽然相貌大相径庭，不过只相当于人类身材的高矮胖瘦、头发的红黑黄白、眼睛的黑灰蓝绿之类的区别，亲缘关系并不太远。而且家犬都是人类培养出来的，比如让有"侏儒症"的雌性雄性大量繁殖，就能产生很多长不大的小型犬。

德国牧羊犬

狼幼崽

狗无疑是和人类最亲密的动物。除了灵长类，狗是表情最丰富的常见动物之一。长期与人类合作，让狗成为少数几种会用人类的表情和肢体动作表达情绪的动物。狗丰富的情绪，会让它不太能耐得住寂寞，更乐于和主人互动，也就使其区别于其他可以自己玩耍的家养动物。狗子们见了人就兴奋地往上扑，有时候甚至会把人当作同类（猴子和猩猩也会把人当成同类，但是人家至少本来就像人）。

狗常用耳朵、尾巴等部位的肢体语言传递情绪，而狼的表达方式却与之大不相同。狼的尾巴通常是短粗且下垂的，不像狗一样卷曲，也不如狗灵活；狼的嘴巴比较尖，牙齿较大，背部的毛较长，胸部也比狗宽阔，这让它们显得更凶狠。但是和人亲近的狼、被家犬带大的狼也能学会摇尾巴，同理，如果狗加入狼群，也会变得越来越凶恶，毕竟狗是一种"家养的狼"。至今仍然有些狗的长相和狼非常接近，被称作狼狗，包括德牧、狼青、苏联红、昆明犬、马里努阿犬、西伯利亚哈士奇、捷克斯洛伐克狼犬、阿拉斯加雪橇犬等。所有狼狗的共同特点是耳朵竖直，这为某些养狗人士所偏爱。

狗和狼还有一个重要的区分指标，这就是狗和狼的眼神不同。由于长期和人类生活，狗会频繁、明显地通过眼白来表达情绪。狗能用眼睛表达出惊讶、委屈、好奇、害怕等情绪，所以显得更有亲和力，而狼总是显得凶狠严肃。大部分狗对于主人之外的其他人也不会表现出太多敌意，但即使是被人驯化的狼，也只会跟自己的主人保持和平，对其他人则保持警戒。有人做过实验，在遇到困难的时候（如面对一个打不开的罐头），狗会向身边的人求助，而狼却坚持孤军奋战，暴力破解，坚信"大力出奇迹"。

✳ "狗性"影响文化

不同于安静傲娇的猫主子们，狗狗们似乎总是有用不完的精力，一旦没有玩伴，就会表现出伤心的样子。其实这也不能怪它们，狗子们的祖先狼，是典型的群居狩猎动物。狗最早加入人类部落，也是用于打猎的，所以至今它们身上还流着野性的血液，平时的打打闹闹都是为了合作捕猎而做的锻炼。而猫本来就是独居动物，它们当然不需要那么黏人。单个的狼和单个的人，在野外都很难成功捕猎，所以必须依赖群体，从这点上说，人和狼最适合做搭档。

狗和人互动多，文化影响力也就上去了。在中国的流行语中，加班的人叫"加班狗"，爱买彩票的叫"彩票狗"，连打游戏爱抢人头的都叫"人头狗"。狗往往给人一种印象：服从指挥，做事拼命，还有点可怜兮兮的样子。历史上无数人被称作"××狗"——要知道，当年连孔老夫子都被称作"丧家之犬"呢。

✳ 欧洲狗子地位高

在英语文化中，狗也是经常被用来形容人的，但多用于褒义，如 lucky dog（幸运儿）、big dog（大款）、alpha dog（领头人）、top dog（优胜者）。心理学家荣格认为，人类会把许多模糊的心理，用某些现实的形象具体化。天地万物本来并无善恶，但是我们人类给狐狸贴上狡猾的标签、给高山贴上坚毅的标签、给老牛贴上朴实的标签……狗也被贴了许多标签。狗在欧洲的地位高，是由于欧洲并没有中国这样浓厚的农耕文明气息。在农耕文明中，狗几乎只有一个看家的功能，就是个活体门铃，猎狗所参与的职业狩猎和贵族游猎属于小众圈子。而在游牧和渔猎文明中，狗多用于放牧和打猎，就能很明显地展现出威风的一面，和人类的互动性也增强了许多，类似于助手角色。不过英文中也有一些不太好的用法，比如 dog's life（穷困潦倒的生活）、work like a dog（拼命工作）、dog-tired（累成狗）、lazy dog（懒汉）、sick as a dog（病得严重）。美国著名摔跤手西尔维斯特·里特，绰号 junkyard dog，意思可不是"垃圾场的狗"，而是刻薄的人。

欧洲古代油画中的打猎场景

至于"单身狗"这个词为什么流行起来，主要有两种说法：一是英文当中"damn single"的谐音是"单身狗"；二是周星驰的《大话西游之大圣娶亲》中，最后孙悟空被夕阳武士说成"好像一条狗"。但近几年各种"狗"的称谓开始流行，"单身狗"这个词才真正火了起来。

不论如何，"狗"的称呼总是有一丝戏谑在其中。人类对狗的感情很复杂，就像皇上对太监的态度一样。一方面，太监是皇上最宠爱、最信任、最亲近的群体，因为太监往往会低头服侍皇上，比那些硬气的文臣武将更可心；另一方面，皇上最鄙视的群体也是太监，他们像狗一样缺乏尊严，往往"狗仗人势"，也甘心在有权者面前做"舔狗"。从精神分析的角度看，自从狼褪去了野性变成家犬，就像男人去势变成了太监一样，丢掉了最明显的特征，同时掉入了鄙视链的底端。

古人的大块头宠物

古代有许多名人非常喜欢宠物，有的甚至会饲养一些不太常见的大型动物。这些动物在现代城市生活中几乎绝迹，但却是古人生活中不可或缺的一部分。这些大型动物主要分为"活座驾"和猛兽两大类。

✳ 文人最爱骑驴

现代人和驴最多的接触应该就是驴肉火烧或阿胶糕，但在古代，驴子可是最受文人欢迎的出行工具。为什么他们都会选择其貌不扬的驴子呢？驴相比于马来说，有好几个优势。

第一，它更适合室内饲养。因为驴的祖先生活在灌木丛生的荒漠地区，有一定的领地意识，而马的祖先生活在草原地区，需要大面积的土地来奔跑。大部分文人家里没有草场，因此更适合养殖在小范围内生活的驴子。唐代王梵志有一首打油诗说：

> 他人骑大马，我独跨驴子。
>
> 回顾担柴汉，心下较些子。

虽然骑不起马，但是相比于走路或挑担的人，骑驴还是让人很有心理平衡的。

第二，驴子个头更小，吃的比马少，对于生活比较拮据的文人来说相当于低能耗的经济座驾。唐诗人杜甫的《奉赠韦左丞丈二十二韵》中有：

此意竟萧条，行歌非隐沦。骑驴十三载（一说"三十载"），旅食京华春。

朝扣富儿门，暮随肥马尘。残杯与冷炙，到处潜悲辛。

第三，小个头的驴子更方便骑乘。古代文人常穿宽袍大袖，这样的服饰在上马时需要借助上马石来辅助。相比之下，驴子的个头比较矮，使得文人可以更方便地随时上下。这一特点甚至让家里的女眷也能轻松驾驭驴子出门，同时，驴背还成了装载货物的便利之处。即便不小心丛驴背上摔下来，也不像从马背上摔下来那么严重。由于驴子走路比马慢很多，坐在驴背上不需要一直紧抓缰绳，这方便很多诗人在驴背上构思。

以書法作畫古人中多見之此幅雖無款識為徐文長先生筆靡疑焉逼真張青思鑒

[明]徐渭《驴背吟诗图》

怪诞历史

最后，驴子比马更好养活。俗话说"铜驴铁骡，纸糊的马"，驴子的抗病性比马强很多。

基于上述原因，喜欢养驴骑驴的诗人简直数不胜数。我们熟知的孟浩然、李白、杜甫、韩愈、白居易、元稹、贾岛、李贺、苏轼、陆游、唐寅、徐文长等，都是毛驴骑手。

［南宋］马远《晓雪山行图》，绢本墨笔，小品，中国台北故宫博物院藏

其中骑驴最著名的要数"少陵野老"杜甫，后世的很多文学作品和画作中，杜甫和毛驴几乎是标配，就像关羽和绿战袍一样。苏轼在《续丽人行》中说：

杜陵饥客眼长寒，寒驴破帽随金鞍。

隔花临水时一见，只许腰肢背后看。

"苏门六君子"之一的陈师道在《戏寇君二首（其一）》也说：

杜老秋来眼更寒，寒驴无复逐金鞍。

南邻却有新歌舞，借与诗人一面看。

在陈师道的另一首《骑驴二首（其一）》中，也暗示了杜甫：

复作骑驴不跨驴，此生断酒未须扶。

独无锦里惊人句，也得梁园画作图。

其中锦里是成都的别称，是杜甫的故居——杜甫草堂的所在地。

［南宋］牧溪（法常和尚）《杜甫骑驴图》（局部），纸本水墨，现藏日本
福冈市美术馆

那些颠沛流离或寄情山水之间的文人，就更适合骑驴了。宋末
进士真山民在宋朝灭亡后隐居，就给朋友写了一首骑驴诗，充分表
达了文人对驴子的爱：

陈云岫爱骑驴

君不学少陵骑驴金华春，一生旅食长悲辛。

又不学浪仙骑驴长安市，凄凉落叶秋风里。

却学雪中骑驴孟浩然，冷湿银镫敲吟鞭。

梅花溪上日来往，身迹懒散人中仙。

有时清霜松下路，松风萧萧驴耳竖。

据鞍傲兀四无人，牧子骑牛相尔汝。

劝君但骑驴，行路稳，姑徐徐。

九折畏途鞭快马，年来曾覆几人车。

✳ 小驴段子多

  "建安七子"中的王粲特别爱听驴叫，他去世时魏文帝曹丕让大家在葬礼上一起学驴叫，《世说新语》记载了这个著名的典故，世人称之为"驴鸣送葬"。西晋名士孙楚临穴吊王济之丧，也作驴鸣以表示对他的哀悼。清朝敦诚在给曹雪芹题挽联的时候，也提到了"驴鸣吊"的典故。

  马作为古人的高级座驾，是身份的象征。《唐摭言》记载，唐

怪诞历史

懿宗咸通年间，朝廷突然想起一条老规矩，官阶七品以上应当乘马，官阶低于七品只能骑驴，因此骑马赶考的举子们纷纷换驴子。唐无名氏作打油诗说：

今年敕下尽骑驴，短辔长鞦满九衢。

清瘦儿郎犹自可，就中愁杀郑昌图。

郑昌图后来当了宰相，但此时还没有做官。他身材高大，骑驴想必是一番滑稽相，就像郭德纲的相声中说的那样：喊一声驾，驴走了，人还在原地。

［明］唐寅《骑驴归思图》（局部）

宋代时，因为产马的地区都是辽、金、西夏等周边政权所控制，因此马成了稀缺的军用物资，即便是皇帝和宰相，平时也要骑驴。唐朝人打马球，宋朝人就玩低配版的"驴鞠"，照样不亦乐乎。相比于马球的潇洒激烈，驴球则充满了滑稽感。

宋代诗人刘克庄的一首《束人求驴子》表达了对驴的重视：

闻在江宁得小驴，价高人说是名驹。

行时亦肯过桥否，饥后还能饮涧无。

不称金鞍驮侍女，只宜席帽载贫儒。

濡陵雨雪诗家事，乞与它年做画图。

宋朝之后的元朝，作为面积最大的世界帝国，国土拓展到了中东地区，而很多西域人也爱骑驴。元代画家王冕（1287—1359）就见过色目人牵着一头自称"能懂人话"的驴子招摇撞骗——类似《阿凡提》的桥段。于是王冕写了一首《花驴儿》：

花驴儿，渡江踏遍江南土。

正值江南无马时，驴儿得志雄威武，况是能解花门语。

江南淫雨二百日，洪涛巨浪掀天舞。

麻麦烂死秧苗无，百姓吞声苦饥苦，驴儿啖粟恬故故。

江南子弟不晓事，掷金驰逐争先睹。

✳ 其他坐骑知多少？

除了马和驴，还有一些可以供骑乘的动物，但是都不太常见。比如骆驼，多出在塞北地区，其他地方的人很难见到，有些人很可能一辈子都没见过。宋代的道士白玉蟾在《波萝蜜》诗中说："君不见北人不梦象，南人何处梦骆驼。"再加上骆驼智商不高，体味又比较重，身材过于高大，而且也难以适应山林环境，因此并不常见。

而牛的躯干过于宽阔，一般是牧童在田间骑，就像拖拉机一样，不适合在城镇出现，也不适合成年人跨着。宋代黄庭坚有《牧童诗》：

骑牛远远过前村，短笛横吹隔陇闻。

多少长安名利客，机关用尽不如君。

如果驴子是清雅文人的标配，那么牛就是牧童的标配。而魏晋南北朝时期，牛车成了"豪车"。这是因为三国战乱导致马匹稀少。到了唐朝，出身西北的李唐皇室才大力推行养马。

189

西晋灰陶牛拉车

　　最大的坐骑当数大象。中国人从商朝就开始驯化大象。明代锦衣卫下辖驯象千户所，内设象奴，专门管理朝会时所用的大象。到了清朝，则是銮仪卫驯象所负责，最多时饲养了将近四十头大象。由于大象是佛教当中普贤菩萨的坐骑，信奉佛教的清朝皇家对此非常重视。乾隆就曾经装扮成普贤菩萨来观摩洗象。

［清］丁鹏《乾隆皇帝洗象图》（局部）

　　如今，随着各类车辆的普及，动物坐骑逐渐成为历史，我们只有在某些旅游景区才能一睹它们的"芳颜"，体验古人和动物相处的情景。现代人养宠物，一般都是猫狗兔鸟鱼虫等常见种类，也会有人养毒虫、蛇、蜥蜴之类的异宠，而在古人的宠物名单里，就没有最猛，只有更猛。由于那个时代没有相关法律，不存在养野生动物被判刑一说，而且很多宠物的主人就是皇帝本人。

✳ 猎豹原来是打猎用的?

猎鹰、猎犬都是因为用于打猎而得名，那么猎豹为什么有这样的名字呢? 其实它们也曾经被古人驯化用来打猎。

我国上古时期就有驯化虎、豹、熊进行战斗的故事，但这或许仅仅是具有神话色彩的传说。汉朝文物中出现了不少豹子的形象，有些还戴着项圈，可见已经是人工饲养。从唐代开始，风靡于阿拉伯地区的猎豹被输入中国，当时的壁画中就有许多胡人牵着豹子的形象。唐代贵族打猎时，会让猎豹蹲在马鞍后边，由于猎豹的体重比狗大不了多少，还是比较方便携带的。我们在壁画上甚至可以看到小一些的猫科动物，可能是猞猁。古人一直认为带斑点的动物都是豹子，包括猞猁。

汉代错金银铜豹席镇，1968 年河北满城中山靖王刘胜妻窦绾墓出土

唐乾陵章怀太子墓《狩猎出行图》（局部）

唐懿德太子墓胡人驯豹图壁画

唐乾陵章怀太子墓《狩猎出行图》（局部）

唐代猞猁纹银盘

✳ 东北也有猎豹

东北地区的少数民族也会驯养猎豹。《续资治通鉴长编》卷九七引《契丹风俗》说："国主帐在毡屋西北，望之不见。尝出三豹，甚驯，马上附人而坐，猎则以捕兽。"元代，猎豹还和海东青同时出现在《元世祖出猎图》中。那位带着猎豹的骑者，像是西亚的色目人，背后蹲踞着一头猎豹，豹口以皮索套住。猎豹并非中国原产物种，而是产于印度及西亚地区。蒙古贵族所用的猎豹，主要来自被征服的波斯地区的进献。与猎豹一同而来的，还有专门饲养猎豹的人，蒙古语称之为"巴儿赤"。明朝时，蒙兀儿帝国的皇帝阿克巴就饲养了上千头猎豹。按照元朝的标准，"豹子每一个日支羊肉七斤，大土豹净羊肉（即无骨羊肉）四斤，小土豹净羊肉三斤"，到了元天历二年（1329 年），光是皇帝的这些宠物每天就要吃掉13800 两银子。

这幅画名为《元世祖出猎图》，画的内容一目了然。远景黄沙浩瀚、朔漠无垠，一队商旅行驼正在大漠中行进；近景，元世祖忽必烈率九骑行猎。忽必烈骑黑色的骏马，被侍从们簇拥在中央，神态好像在环视四周，一派王者气象。侍从或执旗，或执麾，或引弓、臂鹰、携猎豹。队伍错落，疏密有致。

［元］刘贯道《元世祖出猎图》，现藏中国台北故宫博物院

第五章　古代宠物的生活

✳ 明朝的豹子宿舍

明太祖朱元璋立国之后，想要扫除前代元朝统治者对中原习俗的影响，于是终止了元代颇为流行的"豹猎"活动。但是皇家还是饲养了凶猛的猫科动物，朱元璋本人更是亲自制定了一系列礼仪制度，例如登基大典时，"列旗仗于奉天门外之东西……虎豹各二，驯象六，分左右"。朝鲜的《李朝实录》中也有相关记载，"分别于宣德五年（1430 年）贡土豹三只、宣德六年贡土豹十只，宣德七年（1432 年）贡土豹一次"，所谓土豹就是猞猁。其他偏远地区也有给皇家进贡豹子的，包括郑和下西洋返回时也带回了几只。虎豹等野生动物养在皇家园林中，是一笔不小的开支。弘治年间（1488—1505 年），内务府豢养大小动物合计有 29400 多只，每年光是饲养它们就要消耗 35900 多斤肉、360 副肝脏、4480 多石粮食。

明代最喜欢豹子的皇帝是明武宗朱厚照，甚至为此专门建立了豹房。明朝在太液池（今中南海、北海）西北一直设有虎房，专门饲养老虎。朱厚照于正德二年（1507 年）在原虎房旁兴建豹房官署及左右厢房，5 年以后再次扩建，费银 24 万两。豹房建好之后，明武宗经常住在这里，很少回紫禁城。为此，他还专门颁发一批豹房护驾勇士的腰牌。明代文人田艺蘅所作笔记《留青日札》中吐槽此事说："内监虫蚁房，虎、豹、犀、象各有职秩，有品料。如虎食将军俸，象食指挥俸，不甚于秦松之大夫、汉柏之将军乎？"

明代豹房勇士铜牌，高 9.8 厘米，厚 0.7 厘米，现藏国家博物馆

随着财政的吃紧，嘉靖皇帝就很反对养大型动物，到了嘉靖末年宫中豢养动物种类大幅减少，数量只有不到3000只。到了崇祯年间，崇祯皇帝干脆"杀虎以赐近臣，余皆纵之"。到了清朝，豹子的形象出现在三品武官的官服补子上，比老虎还高一品。

✳ 鸵鸡到底是什么？

在《明史·外国传七·祖法儿》中记载："有鸵鸡，颈长类鹤，足高三四尺，毛色若驼，行亦如之，常以充贡。"清朝吴伟业《读史偶述》（三十二首其三十二）："广南异物进鸵鸡，锦背双峰一寸齐。"前者告诉我们阿拉伯半岛的祖法儿（Zufar，位于阿曼西南部）有一种叫鸵鸡的动物，毛色像是骆驼，后者叙述鸵鸡产自广东南部，后背有驼峰。我们知道骆驼的毛色大多是偏棕色的，可鹤类和鸵鸟通常都是黑白灰的搭配。只有非洲地区的灰冠鹤身上有棕色。

灰冠鹤

　　而鸵鸟身高则远远超过三四尺（一尺等于 1/3 米）。因此毛色和骆驼相近的大鸟，应该是大鸨，也分布在从东欧到朝鲜半岛的广袤地区，最高也能有 1 米左右。

怪诞历史

大鸨

《魏书》中提到在波斯国（今伊朗）有"形如橐（tuó）驼"的大鸟，但没有具体说明。早在西晋，郭义恭的《广志》中就有记载："安息国贡大雀。雁身驼蹄，苍色，举头高七八尺，张翅丈余，食大麦，其卵如瓮，其名驼鸟。"《新唐书》中也有记载："永徽元年，献大鸟，高七尺，色黑，足类橐驼，翅而行，日三百里，能啖铁，俗谓驼鸟。"驼鸟只有两个脚趾，和骆驼足比较像，所以得名驼鸟。雄驼鸟发情期时腿部变红，因此也有人认为它是神鸟朱雀的原型。

唐代乾陵鸵鸟石刻

　　而清代人记载后背有驼峰的鸵鸡，则是东南亚的食火鸡，有非
常写实的图像流传下来。食火鸡又名鹤鸵，虽然身高不如非洲鸵鸟，
但是性情要生猛许多，被吉尼斯世界纪录收录进"世界上最危险的
鸟类"。它会对闯入领地的其他动物用钩爪猛踹，比人手指还长的

指甲足以产生开膛破肚的效果，有杀死人类的记录。

[清] 杨大章《额摩鸟图》（局部），中国台北故宫博物院藏

随着现代人越来越注重安全，这些能够杀死人类的生猛动物，再也不可能出现在你我的家中，想要看它们的话，只能去动物园或是保护区了。

衣食住行加医保——古代宠物的小资生活

人类驯养动物，最早都是出于实用主义——牛马能拉车载人作为劳动力，狗能看家，猫能捕鼠，鸡能打鸣。但是随着经济的不断发展，人们的生活水平逐渐提高，对于精神上的追求就凸显出来，于是纯粹的陪伴宠物就出现了，它们也随着主人过上了滋润的好日子。

《史记》记载："楚庄王之时，有所爱马，衣以文绣，置之华屋之下，席以露床，啖以枣脯。马病肥死，使群臣丧之，欲以棺椁大夫礼葬之。"楚庄王的马不仅活着的时候衣食住行非常奢华，死后还有相当于大夫规格的葬礼和棺材。

✳ 当宠物变成玩伴

商周时期，设有"多犬""多马"两武官职，汉代宫廷始设训管狗官职"狗监"。在汉代壁画中我们可以看出，狗通常身材比较精瘦，狗绳是粗金属链，此时狗的主要功能看来还是"为人类打工"，享受福利不多；另外，狗还是被食用的对象，位列"八珍"之一。

《周礼》中载："犬有三种，一者田犬，二者吠犬，三者食犬。"当时人已经把狗分为猎狗、看家狗、食用狗三类。直到隋文帝开皇元年（581 年）颁布"犬马口味不得献上"之令，狗肉的地位才急转直下，不再作为常用的肉食。《水浒传》中鲁智深就遇到店家不告诉他店里有狗肉的事，可见当时人认为，即便是破戒的和尚也不愿意碰狗肉。

汉代墓葬画像石拓片

✹ 宠物玩具的出现

　　唐朝时期，狗开始出现在画家的画作当中。周昉的《簪花仕女图》中，就出现了类似哈巴狗的宠物犬。这只小狗戴着红色的项圈，仕女手中还拿着逗狗用的工具——纬穗。在当时的贵妇中，逗狗是非常流行的娱乐活动。

《簪花仕女图》（局部）

怪诞历史

画作上的狗来自欧洲，称为"拂菻狗"，初唐时国内已有人开始豢养，并将其称作"康国猧子""康猧""白雪猧儿"或"花子"。养这种狗开销很大，所以仅见于宫廷。

《旧唐书·高昌传》记载："（武德）七年（624年），（麴）文泰又献狗，雌雄各一，高六寸，长尺余，性甚慧，能曳马衔烛。云本出拂菻国，中国有拂菻狗，自此始也。"

唐代小说家段成式在《酉阳杂俎》中就讲述了一个"康国乱局"的故事："上夏日尝与亲王棋……贵妃立于局前观之，上数子将输，贵妃放康国猧子于坐侧，猧子乃上局，局子乱，上大悦。"意思是：有一次，唐玄宗和亲王下棋，眼看唐玄宗就要输掉，杨贵妃灵机一动，就放出自己养的康国猧子，狗子扑上棋盘，打乱了棋局，从而为唐玄宗解了围。

古代不仅有"逗狗棒"，还有"逗猫棒"，在北宋画家苏汉臣的《冬日婴戏图》中，小孩就拿着类似小锦旗的东西来逗猫。和现代的逗猫棒一样，上面都有羽毛。

《冬日婴戏图》（局部）

✳ 国宝随便拿来用

乾隆皇帝曾经误把猧当成了一种小猫（史书上记载，观赏犬中的小狗叫"猧"）。一次，他见到宫中收藏了一只汝窑水仙盆，于是下令：将猫食盆另配一紫檀木座，落矮些，足子下深些，座内安抽屉（里头收纳了一册他临摹宋代四大书法家作品的《御笔书画合璧》）。乾隆还赋诗一首：

官窑莫辨宋还唐，火气都无有葆光。

怪诞历史

便是讹传猡食器，跐杆却识蓁恩偿。

龙脑香薰蜀锦裙，华清无事饲康居。

乱碁解释三郎急，谁识黄虬正不如。

　　诗中讲述了康国猡子打乱棋局帮助唐玄宗（三郎）解围的故事。值得一提的是，现今传世的汝窑瓷器几乎都有开片（即天然裂纹），这一件却没有，绝对是国宝级的瓷器。

北宋汝窑天青无纹水仙盆及紫檀木匣底座，中国台北故宫博物院藏

　　如果说猫食盆是豪华宠物用品的天花板，那金鱼缸第一个不服。清代紫禁城里有很多观赏金鱼，用的都是景德镇的瓷器，要知道烧制大号瓷器可是个技术活。一般的老百姓都用木盆、瓦盆来养鱼，没有专门的鱼缸。而皇家宠物则有完全不同的待遇。

清代乾隆年间的画珐琅开光山水人物图金鱼瓷器缸

　　如果你觉得这个鱼缸不够气派，那么来自通辽市博物馆的青花大鱼缸就更有发言权。这个鱼缸广口，宽平沿，口微外撇，斜直腹，底心内凹。口沿处饰一周如意纹，腹部绘两条大鱼和数条小鱼，间饰鱼草纹。口沿下双线框内楷书"大明嘉靖年制"六字款，即制作于 1522 至 1566 年之间。

明代嘉靖年间的青花大鱼缸，现藏通辽市博物馆

　　猫狗的食盆和鱼缸虽说别致考究，但远拼不过鸟的居所，鸟住的笼子有金的、玉的、象牙的、宝石的，可以不夸张地说，"内卷"现象早在几百年前的鸟笼制造界就已盛行开来。因为鸟需要每天带出去遛，不论是酒楼、茶馆、戏园还是古玩市场都可以随身携带，所以鸟笼在某些程度上就像手表一样，可以体现出一个人的身份和品位。

"清乾隆年制"款铜胎鎏金掐丝珐琅缠枝花蕊纹鸟笼

清代碧玉鸟笼

清代象牙六方鸟笼

清代乾隆年间的鸟笼

别看鸟笼很小，做一个鸟笼却需要20多道工序，山东即墨的大欧鸟笼要100多道工序。鸟笼的结构包含笼架、笼圈、笼条、笼门、笼钩、栖杠等。至今，中国传统的鸟笼制造已经形成了四大派别：北笼、南笼、广笼、川笼。

鸟笼往往代表着主人的身份，不同设计的鸟笼也有对应的口彩——当官的人用的鸟笼是三条腿的，意味着"三足鼎立"，寓意在官场争得一席之地；做生意的人，家里的鸟笼通常是四条腿，寓意四面八方来财。

随着与西方国家交流的增加，仿照西式建筑的鸟笼也逐渐涌现。

清代珐琅西式鸟笼

除了鸟笼，清朝还出现了类似的珐琅狗笼。下图中的狗笼主体是木架，上边有多个白玉环，现藏于美国费城艺术博物馆。

清代珐琅白玉环狗笼

✳ 宠物福利——社会的一面镜子

唐宋以后，以宠物为描述对象的诗作、画作比比皆是，宠物的待遇也越来越好。到了宋代，中国进入了经济非常发达的时期，老百姓养宠物也蔚然成风。

《武林旧事·小经纪》有"猫窝、猫鱼、卖猫儿、改猫犬"的记载，其中猫鱼是专门喂猫用的小鱼，而改猫犬则类似于宠物美容。从某种程度上来说，这些新出现的宠物行业带来的宠物福利，也改变了人类的思想观念，促进了人与动物和谐相处的氛围。

✳ 古代宠物也有专门医生

提起给人看病的名医，我们都能说出一大堆：扁鹊、华佗、张仲景、孙思邈、李时珍等。但是提起古代的著名兽医，恐怕就只有小说《水浒传》里梁山泊的皇甫端了，而且还是个虚构人物。其实中国古代给动物看病的医生中有不少非常厉害的大师。《周礼·天官》中就记载，医分疾医（内科）、疡医（外科）、食医（营养科）和兽医。一般来说，给人吃的药是可以给动物吃的，葛洪、孙思邈、李时珍的作品中也记载过人畜通用的药方。

✳ 马师皇：兽医祖师，骑龙飞天

家养动物中，马最容易生病，又最值钱，民间至今有句俗话——"铜驴铁骡，纸糊的马"，所以古代兽医也以"马大夫"最多。

历史中大部分兽医都没留下姓名，不过传说中倒是有位"马大夫"，此人不仅医术了得，还位列仙班。大约西汉年间，有一部《列仙传》问世，这可是第一部系统叙述神仙的传记，其中就有这么一条记载："马师皇者，黄帝时马医也。知马形生死之诊，治之辄愈。后有龙下，向之垂耳张口，皇曰：'此龙有病，知我能治。'乃针其唇下口中，以甘草汤饮之而愈。后数数有疾龙出其波，告而求治之。一旦，龙负皇而去。赞曰：师皇典马，厩无残驷。精感群龙，术兼殊类。灵虬报德，弥鳞衔辔。振跃天汉，粲有遗蔚。"大致意思是说，黄帝时有个给马看病的医生，叫马师皇（马师可能是官名，就像后来的泥人张、样式雷那样）。有一次他给龙治病，病龙回家后就在自己的亲戚中做了广告，很多龙都来找他看病，可能是天龙世界确实急需医学人才，最后马师皇盛情难却，又看了看自己负责的马匹都身体倍棒，应该已经不需要自己继续陪护，于是就像自己的上级轩辕黄帝那样，骑着龙升天了。当然这个故事只是神话传说，

第五章　古代宠物的生活

表达了人们对兽医的崇敬，和后来传说中孙思邈给龙王和老虎治病有相似之处。之所以他是给马看病，而不是别的动物，那是因为马在古代是骑兵的战略物资，一般老百姓家养不起，所以给马看病的医生，等于现代专门给大熊猫看病的兽医专家，显得比较"高大上"。要是给家里的猪牛羊看病，那就显得低端多了。

✳ 常顺：唯一封侯的兽医

北宋年间，山西处于宋金交战的前线，可是许多战马却染上了瘟疫，无法继续参与战争，此时山西阳城的兽医常顺因为给军队战马治疗传染病有功，被宋徽宗册封为"广禅侯"，成了中国乃至全世界历史上爵位最高的兽医。后来元太宗窝阔台册封常顺为"水草神"，并在其家乡山头村建"水草庙"。

窝阔台画像

据明永乐十六年（1418年）碑文记载："宋徽宗政和四年（1114
年），金人南侵，在平阳一带与宋兵大战年余，宋军力不能支，时
值阴雨天，战马三停病一，愈不可支。时常半村牧医常顺，行医至
约县西四百里之汾河边，见战马神志恍惚，身生白灰斑块，奔走惊窜，
阵阵嘶鸣，不时甩尾打身，回头撞脖，断为所疾'族蛊'。病马万余，
病则需治，无病则防，外敷服药慢不救急，调草药六七味，沸水煮之，

倾之河中，驱无病马先浴饮之，后驱病马浴饮之。日一次，约四五日，六七日马愈，兵进，略胜。挽留军中，不肯，继趋别地行医。宣和二年（1120年），钦封广禅侯，以嘉其术。"大致是说，常顺把草药倒在河里，给马集体洗澡，治好了上万匹战马。

据《广禅侯传记》碑文记载，每遇杀猪宰羊，他便从头到尾观察其内脏部位及骨骼结构。村民的牛驴骡马因病而死，他就想方设法弄来开肠破肚认真研究，定要弄清得病的原因、症状的表现、致死的缘故，因此积累了大量关于动物的生理知识。

每年的清明、七月初七，村里都要在此进行祭祀，延续数百年而不衰，最盛时甚至河北、陕西、江苏、山东等地都有很多百姓自发前来焚香叩拜。水草庙在历史上被毁坏多次，但又不断修复，常顺的后人也世代当兽医。如今，广禅侯故事已经成为阳城县的非物质文化遗产，列入第四批国家级非物质文化遗产名录。

✳ 古代动物医院

北魏的《齐民要术》中记载有给动物看病的知识，包括应急疗法、疗方48种，应用于26种疾病。中国的兽医教育始于唐代。唐神龙年间太仆寺中设有"兽医六百人，兽医博士四人，学生一百人"。

唐朝李石编著的《司牧安骥集》成为后世兽医教材。李石（783—845），字中玉，陇西人，是唐宗室襄邑恭王李神符五世孙。

最晚在唐代，少数民族聚居区也出现了兽医书籍。《唐律》中还记载：如果花钱请兽医给狗看病，兽医被咬伤，狗和狗主人都无责。如果是没花钱的话，狗主人则要承担医疗费。说明那时候已经有给狗看病的医生了。

北宋已经出现了兽医院。据《宋史·兵志·马政》记载，宋真宗景德四年（1007年）"置牧养上下监，以养疗京城诸坊、监病马"。宋代高承在《事物纪原·库务职局·皮剥所》中说："《宋朝会要》曰：'皮剥所，开宝二年置。'"将病马不治者送至皮剥所解剖。关于兽医理论的书籍也越来越多，《宋史·艺文志》提到的就有《伯乐针经》《贾兽医经》《明堂灸马经》《相马病经》《疗驼经》《医驼方》《师旷禽经》。宋哲宗时期的王愈，曾经担任管理马匹的官员，编纂了《蕃牧纂验方》。

元代的卞宝，曾任"管勾"之职，后世称其为卞管勾，写出了《马经通玄方论》，又名《马经通元方论》《痊骥通玄论》《司牧马经痊骥通玄论》。当中介绍了给马做手术的方法。

［元］赵孟頫《浴马图》，现藏于故宫博物院。画面中 9 个马倌正在溪水边
给 14 匹马洗浴，人与马之间充满欢乐祥和

✳ 动物也能扎针？

明代安徽六安毛坦厂镇出了著名兽医兄弟——喻仁，字本元，别号曲川；喻杰，字本亨，别号月川。他们编著了《元亨疗马集》，内容丰富多彩，还有给马做针灸的穴位图。该书原为《疗马集》《疗牛集》《驼经》三书，常合为一书出版。内容包括马三十六起卧、七十二大症，牛五十六病，驼四十八病，等等。每种病症有"论"，以说明病因；有"因"，表示症状；有"方"，说明治法（包括针灸和外治法）。文字表达形式为"歌"或"颂"，使学习者便于诵记。全书收载三百多个治疗方剂，许多现今仍在使用。

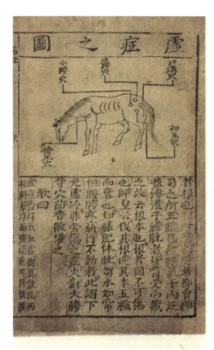

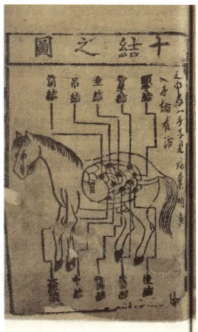

《元亨疗马集》内页

✳ 明朝猫奴的偏方

明宣宗和明世宗都特别爱猫，明代医学家徐春甫编写《古今医统大全》，还有几条"治猫病药方"，如：

治猫瘦不吃饭：用陈皮末四五分，米汤调喂之，吐出痰便愈。

猫生癞：用柏子油涂之二三次即愈。

猫生虱蚤：用桃叶捣烂擦其皮毛，仍置瓶中薰之，猫头露出瓶外。又法：以朝脑（樟脑）擦之自落。

猫在灶突及火边睡：用猪肠入些硫黄末，煨熟喂之，不近火。

✳ 北京兽医成地名

现在北京东城区的北极阁三条，北起北极阁四条，西至东单北大街。明朝时北极阁三条称为黄兽医胡同，因为有一名姓黄的兽医住在这里而得名，这个名字一直保留到 1965 年，在清末和民国的地图上都有所显示。可惜黄兽医的名字并没有传下来。但根据他将诊所设在城内判断，黄兽医大概率也是给城里的小宠物治病的。

［明］朱瞻基（明宣宗）《唐苑嬉春图》（局部）

❋ 清代兽医有分科

　　清代有位博学多才的兼职兽医，名叫李南晖，字仲晦，号青峰，又号西海云樵，甘肃省通渭县城关人，生于清康熙四十八年（1709年），卒于乾隆四十九年（1784年），是清代主持威远县政最长的一位知县。他不仅熟读《周易》，写下过《读易观象惺惺录》《周易原始》《太极图说》，还擅长治理河道、诗文书法和医术，写过《活兽慈舟》《活命慈舟》等，可谓是一代通才。

　　《活兽慈舟》将兽医按不同动物分科，记载了黄牛、水牛、猪、马、羊、犬、猫等家畜的240种病症，并收载方剂（包括单方）700多个。

　　清代名兽医李春松（1774—1861年），河南省孟津县李家岭人。其遗著《牛马捷径》书稿，以手抄本形式流传于河南各地。而地处偏远的贵州，则有作者、年代不详的《猪经大全》，至少是清朝光绪十八年（1892年）之前的作品，其中有48种猪病的疗法，成为传统兽医学中唯一被保存下来的猪病学专著。

　　到了清朝末年，随着现代科学的引进，兽医也出现了重大改革，如1898年湖北武昌农务学堂有了专门的牧科，用以传授兽医课程；1904年于河北保定建立了北洋马医学堂；等等。这也让兽医学不断走向了近代化，从而更好地为所有家养动物的健康保驾护航。

内容丰富的鸟文化

要说古代种类涵盖最广的宠物，那一定非鸟类莫属。全世界的狗都是犬科灰狼种家犬亚种，古代观赏鱼大多为金鱼和鲤鱼，古人养的赏玩类昆虫（不包括蜜蜂这样的经济昆虫）基本集中在直翅目（如蟋蟀、蝈蝈等），而鸟类的饲养种类则横跨鸟纲中的多个目，如鸡形目、鹦鹉目、雁形目、鹤形目、鸽形目、雀形目、隼形目、鹰形目、鹈形目等，可以说我们祖先把能家养的鸟类都"收编"了。

✳ 鹦鹉：高颜值和高智慧担当

大约成书于战国时期的《山海经》中，就记载有鹦鹉的信息："黄山，无草木，多竹箭。……有鸟焉，其状如鸮，青羽赤喙，人舌能言，名曰鹦鹉。"在古书中，"鹦鹉"有时也写作"鹦鹉"，"婴"和"母"两个偏旁，可能是这种鸟学人说话的象征，就像婴儿跟随母亲学说

227

话一样。成书时间比《山海经》稍晚的西汉《礼记》中，同样提到了鹦鹉："鹦鹉能言，不离飞鸟。"

鹦鹉喜欢生活在温暖炎热的热带或者亚热带地区，在夏商周时期黄河流域气温也比较高，妇好墓中就出土了玉石鹦鹉。

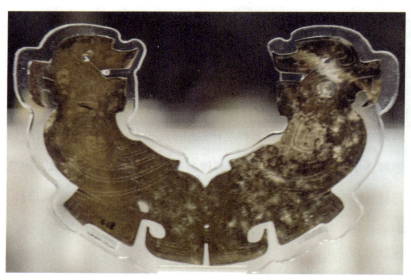

对尾鹦鹉玉佩，现藏于首都博物馆

《后汉书》中记载过鹦鹉的故事——引刘艾《献帝传》："（汉献帝）兴平元年，益州蛮夷献鹦鹉三。诏曰云云。"可是由于这三只鹦鹉太能吃，汉献帝又比较贫困，只好将其送人。同时期的才子祢衡也写过《鹦鹉赋》："惟西域之灵鸟兮，挺自然之奇姿。体金精之妙质兮，合火德之明辉。性辩慧而能言兮，才聪明以识机。故其嬉游高峻，栖跱幽深。飞不妄集，翔必择林。绀趾丹觜，绿衣翠衿。采采丽容，咬咬好音。虽同族于羽毛，固殊智而异心。配鸾皇而等美，焉比德于众禽？"——可见当时人们对于鹦鹉的喜爱。后来祢衡被黄祖杀害之后，葬在了一座江中小岛上，小岛就叫鹦鹉洲。后来很多诗人写诗，都用鹦鹉暗指祢衡这样因言获罪的人。如罗隐的《鹦鹉》诗中说："劝君不用分明语，语得分明出转难。"

随着经济水平的发展，鹦鹉的饲养变得越来越普及。唐代宫廷就有很多养鹦鹉的记录。唐朝郑处海撰写的《明皇杂录》载："开元中，岭南献白鹦鹉，养之宫中。岁久，颇聪慧，洞晓言词。上及贵妃皆呼雪衣女。"唐玄宗和杨贵妃非常喜欢雪衣女，让它在宫中随便飞，每次唐太宗朗诵诗句，几次后雪衣女就会模仿出来。有时唐玄宗和人下棋，眼看要输了，就叫这只鹦鹉过来，鹦鹉落在棋盘上就会打乱棋子。一次白鹦鹉说自己梦见被猛禽抓住，杨贵妃就教这只鹦鹉背《多心经》，希望它能渡过劫难，可最后还是被鹰捕杀了。杨贵妃将其埋葬，这块地方就称为"鹦鹉冢"。元代顾瑛的组诗《天宝宫词寓感》也有相关记载。

辽代墓葬壁画《杨贵妃教鹦鹉图》（局部）

宋徽宗也喜欢鹦鹉，还亲笔画过《五色鹦鹉图》。画中鹦鹉眼睛大而有神，正炯炯注视眼前繁茂的杏花，看上去似乎在微笑。他还在画上题诗："天产乾皋此异禽，遐陬来贡九重深。体全五色非凡质，惠吐多言更好音。飞翥似怜毛羽贵，徘徊如饱稻粱心。缃膺绀趾诚端雅，为赋新篇步武吟。"

［北宋］赵佶（宋徽宗）《五色鹦鹉图》（局部）

✱ 猛禽爱好者

　　如果说鹦鹉是聪明的玩伴的话，那么猛禽就相当于杀伤性武器了。古人驯养的猛禽主要集中在隼形目和鹰形目，猫头鹰虽然也算是猛禽，但是人工饲养的实在不多。妇好墓中出现过青铜鸮尊，但不能证明有人工饲养。在先秦时期，猫头鹰还经常出现在各种器皿的形象中，似乎受到崇拜，可是到了汉代就变成明文规定的"恶鸟"了。

新石器时代陶鹰鼎

晚商时期青铜鸮尊

第五章　古代宠物的生活

唐代刘𫗧创作的笔记小说集《隋唐嘉话》中有一篇《鹞子》："太宗得鹞，绝俊异，私自臂之。望见郑公（魏徵），乃藏于怀。公知之，遂前白事，因语古帝王逸豫，微以讽谏。语久，帝惜鹞且死，而素严敬徵，欲尽其言。徵语不时尽，鹞死怀中。"

　　鹞子学名雀鹰，属鹰形目小型猛禽，体长 30 ~ 41 厘米。能被唐太宗藏到怀里闷死，可见其身形娇小。鹞子飞行速度极快，可以捕猎兔子、小型鸟类、老鼠、蛇等，经训练可帮助人类狩猎。

　　要说古人心目中的猛禽之王，那肯定是东北的海东青。南宋《契丹国志》记载，"五国（即黑龙江流域的五个部落）之东接大海，出名鹰"。早在唐代，海东青就已是东北少数民族进奉中原王朝的名贵贡品。辽代的皇帝每年春天都要放海东青抓天鹅，因野生海东青抓捕困难，抓捕后训练更困难，被辽国皇帝催逼抓海东青的女真族人不堪重负，最终走向造反的道路，建立了金国。辽、金、元、明、清的皇帝，打猎都离不开海东青。

［元］刘贯道《元世祖出猎图》（局部）

第五章　古代宠物的生活

海东青是隼形目中的矛隼东北亚种，别看海东青只有 1 ~ 2.15 千克重，和体重能达到 12 千克的大天鹅相比有 10 倍的体重差，但是它能准确地攻击天鹅头部并杀死天鹅。康熙皇帝曾经写长诗《海东青》对之赞美：

羽虫三百有六十，神俊最数海东青。

性秉金灵含火德，异材上映瑶光星。

轩昂时作左右顾，整拂六翮披霜翎。

期门射生谙调习，雄飞忽掣黄绦铃。

劲如千钧激砮石，迅如九野鞭雷霆。

原头草枯眼愈疾，砉然一举凌高冥。

万夫立马齐注目，下逐鸟雀无留形。

爪牙之用安可废，有若猛士清郊坰。

晾鹰筑台存胜迹，佳名岂独标禽经。

［明］殷偕《海青击鹄图》，绢本设色，现藏于南京博物院

✳ 鹤：仙人坐骑

春秋时期的卫懿公是卫惠公朔的儿子，卫国的第十八代君王，原名姬赤，特别喜欢鹤。他对鹤的爱简直是走火入魔，不仅让其跟随出巡，而且封有高官厚禄，百姓们甚至还要为其缴纳税款。后来敌国进攻，百姓对征兵号令不理不睬，让卫懿公用仙鹤打仗，卫懿公最终被杀，留下了成语：爱鹤失众。

但是后来人依旧喜欢鹤，六朝时期就有人为所埋葬的鹤写下让后人惊叹的铭文石碑《瘗鹤铭》，被历代书家推为"大字之祖"。著名的爱鹤典故还有北宋隐士林和靖的"梅妻鹤子"。沈括《梦溪笔谈·人事二》记载："林逋隐居杭州孤山，常畜两鹤，纵之则飞入云霄，盘旋久之，复入笼中。逋常泛小艇，游西湖诸寺。有客至逋所居，则一童子出，应门延客坐，为开笼纵鹤。良久，逋必棹小船而归。盖尝以鹤飞为验也。"

［清］任伯年《梅妻鹤子图》（局部）

明代永乐年间剔红梅妻鹤子图圆盒

　　鸟类或灵巧，或英武，或仙气飘飘，几乎占据了古人所有与审美相关的意象，而古人对于鸟类的热爱，也在各类艺术作品中得到了体现与升华。

古代最受热捧的宠物运动会

运动会是从古代战争衍生出来的，当战争双方已经讲和，但依旧要在某些地方较量时，有规则的运动就成为一种不错的选择。在平时的军事训练中，体育运动也可以帮助战士们强身健体。除了人类自身，动物也有运动会，有些是比较友好的，有些是既分高下也决生死。

✳ 风靡世界的斗鸡

鸡作为全世界数量最多的陆生脊椎动物，如今数量是人类的 3 倍以上。公鸡经常因为争夺配偶、占领地盘、提高群体地位等而打斗，加之不像牛、狗等其他动物那样容易给人造成危险，也不像蟋蟀那样不方便观看，因此在各地很受欢迎。

《韩诗外传》中认为鸡有五种德行：

头戴冠者，文也；

足傅距者，武也；

敌在前敢斗者，勇也；

见食相呼者，仁也；

守夜不失时者，信也。

　　作者认为公鸡脚上有带钩的距，这是尚武的象征。目前已知最早的斗鸡记载见于《左传·昭公二十五年》，也就是公元前517年的"斗鸡之变"，可谓"鸡爪引发的血案"。两汉之前斗鸡主要是宫廷娱乐项目，老百姓还不太舍得把鸡用来参赛。到了西汉，汉高祖刘邦的父亲就特别好斗鸡，被接到长安后闷闷不乐，"逼"得刘邦不仅将他的斗鸡朋友们全迁到长安，还仿照老家给他建了个村子。汉景帝的儿子鲁恭王刘余也养了许多斗鸡和其他禽类，所花费的费用巨大，1年就耗费稻谷2000石。汉武帝也时常与宠臣董偃"游戏北宫，驰逐平乐，观鸡鞠之会"。汉武帝的曾孙汉宣帝刘询早年曾流落民间，也非常接地气，当了皇帝之后还经常和鸡友（斗鸡的朋友）来往，甚至第三任皇后就是斗鸡爱好者老王头的女儿。

　　之后的历朝历代，斗鸡一直是宫廷与民间喜爱的动物运动，在唐朝达到了高峰。《全唐诗》中50余处提到"斗鸡"一词。李隆基就是特别爱斗鸡的唐朝皇帝之一，李白在《古风五十九首》中写道："斗鸡金宫里，蹴鞠瑶台边。举动摇白日，指挥回青天。"

敦煌壁画中的西魏第 285 窟南壁斗鸡图

［宋］李嵩《明皇斗鸡图》（局部）

现藏美国纳尔逊·阿特金斯艺术博物馆

唐代陈鸿祖写下了《东城老父传》，记载了鸡王贾昌擅长训鸡，被唐玄宗请为特聘教练。斗鸡有了他的指令才开始打斗。到了每年的元宵节、清明节、中秋节，唐玄宗更是一定要聚众斗鸡，以示天下太平。战斗结束之后，贾昌命令手下群鸡按胜负关系列队，接受玄宗的检阅，然后再整齐划一地回到御鸡坊中。李白曾在斗鸡过程中与人发生争端，后人推测，有可能在斗殴中杀了人，导致李白出逃在外。在《叙旧赠江阳宰陆调》中，李白写下："我昔斗鸡徒，连延五陵豪。邀遮相组织，呵吓来煎熬。君开万丛人，鞍马皆辟易。告急清宪台，脱余北门厄。"

如今，中国斗鸡已经形成了中原斗鸡、吐鲁番斗鸡、漳州斗鸡、西双版纳斗鸡等品种，在外国也有英国斗鸡、泰国斗鸡、墨西哥斗鸡、菲律宾斗鸡等品种。

✳ 微型战争——斗鹌鹑

常言道："咬败的鹌鹑，斗败的鸡。"身体娇小的鹌鹑也非常好斗。

《清稗类钞·赌博类》载："斗鹌鹑之戏，始于唐，西凉厩者进鹑于玄宗，能随金鼓节奏争斗，宫中人咸养之。"宋代时斗鹌鹑开始在民间流行。《斗鹌鹑孙曼叔邀作》是宋代诗人梅尧臣创作的一首诗，诗中说："争雄在数粒，一败势莫拥。"意思是说鹌鹑放在同一个笪箩里，会为了争夺食物而大打出手。

[明] 佚名《朱瞻基斗鹌鹑图》轴，绢本设色

明宣宗朱瞻基就很喜欢斗鹌鹑，之后这项运动逐渐被推到历史最高峰。清代高继珩著《蝶阶外史》曾生动地记载这样一则故事："鸿僧住持蔡村之兴善寺。村隶武清，距京师百余里。僧好蓄鹑，蓄鹑以万计。最后得玉鹑，纯洁如雪，长颈短尾，俨然一小鹤也。"广东也流行斗鹌鹑，清乾隆《番禺县志》中记载，当地魁巷、午市巷是买卖鹌鹑的街巷，人们戏称其为"鹑市"。

直到今天，山东、河南等地依旧有一些老人喜欢斗鹌鹑，随身携带有硬底的小布袋，里头就装着鹌鹑选手。

✳ 中国也有斗牛

苏轼的《东坡题跋》中记载了戴嵩的《斗牛图》，但斗牛比赛记载却要到南宋才出现。据浙江近代教育体系开创者之一、清末的王廷扬考证，金华斗牛始于北宋明道年间（1032—1033年），至今经久不衰。和西班牙斗牛不同的是，金华斗牛是让两头牛互相比赛。

［唐］戴嵩《斗牛图》（局部）

［南宋］佚名《斗牛图》

金华斗牛是祭神时的庆典活动，并不仅限于金华市，在永康市斗牛是为了纪念当地的官员胡则（死后被当地人追认为"胡公大帝"），在兰溪市斗牛是为了纪念卢植。斗牛和火腿并称为"金华二绝"。直到20世纪80年代，金华市政府批准创办金华斗牛场，金华斗牛才重新出现在世人眼前。每年首次角斗称"开角"，末次角斗叫"封角"，而斗牛双方，则互相称为"牛亲家"。

此外，贵州苗族也有斗牛的活动，那里除了斗牛，还有斗猪、斗马等。动物之间的比赛，本质上源于雄性动物为了繁殖或领地权而展现出的竞争本能。在人类的安排之下，这些比赛不但让动物的好斗精神得到发挥，也给这种自然发生的行为平添了许多文化意味。

宠物界分类的脑洞

古代人养宠物，经常喜欢根据外观给宠物分类，并且起了很多雅致的名字。

✳ 猫猫花色讲究大

清朝人黄汉，字鹤楼，浙江永嘉人，一辈子运气不好，生活很落魄，但是他喜欢游山玩水，也爱博览群书。他看古人写了《虎荟》《蟹谱》《促织经》，于是写了一本《猫苑》，收藏了很多古人关于猫的句子，其中就包含《相猫经》。

中国家猫的毛色主要有黑、白、黄三色：

纯白的叫作"尺玉""宵飞练"，也叫"雪猫"；

纯黑的叫作"乌云""啸铁"；

纯黄色的叫"金丝""金丝虎"。

这些纯色的猫统称为"四时好"。

《相猫经》认为最好的猫就是纯色猫，纯黄为上，纯白次之，纯黑又次之。其次是狸花猫。杂色猫中，黑猫白肚皮、白爪子称为"乌云盖雪"，是最好的。

黑猫如果嘴部是白色，叫"衔蝶"，动画片中的黑猫警长就是这种颜色的猫。

褐黄黑相兼，叫作"金丝褐"。

黄白黑相兼，和海中的玳瑁龟颜色相近，叫作"玳瑁斑"。

黑猫但是四爪白色，名"踏雪寻梅"。

白猫但是四爪黑色，名为"雪夜交兵"。

白身黑尾的猫，被认为是最吉利的猫，名为"雪里拖枪"。

有的猫通身黑而尾尖一点白，名为"墨玉垂珠"。

白身黑尾，额头上也有一团黑色的猫，名为"挂印拖枪"，又名"印星""鞭打绣球"，象征着功名利禄；如果头上的黑色挪到了后背，则名为"负印拖枪"。如果白猫黑尾且头上有黑黄斑块，则叫作鞭打樱桃。

黑身白尾的猫，名为"银枪拖铁瓶"，又名"昆仑妲己""墨里藏针"。

白身而嘴边有黑色花纹的猫，名为"衔蚁奴"。

通身白而有黄点的猫，名为"绣虎"或者"雪地金镂"。

身黑而有白点的猫，名为"梅花豹"，又名"金钱梅花"。

黄身白腹的猫，名为"金被银床"。

白身黄尾的猫，名为"金簪插银瓶"，又名"金索挂银瓶"。

白身或黑身，而背上有一点黄的，名为"将军挂印"。如果是白猫背上有一点黄，叫"白袍金印"。

身尾四足都有花斑的，名为"缠得过"。

古人认为上述"在谱"的猫，都是擅长抓老鼠的好猫，其他那

中华田园猫的雅称

些杂色的，就没有那么好，果然"颜值就是正义"。不过这本书还有些科学性的观点，比如发现三花猫都是母猫。

当然，上述的分类都只适用于中华田园猫，至于其他品种的猫则不一定符合这些花色。中国除了田园猫，还有其他的品种。如临清狮子猫——《临清县志》上有这样的记载："狮猫比寻常者较大，长毛拖地，色白如雪，以鸳鸯眼者为贵，最佳者每对价值百元，北街回民多畜，此居奇。"回民的祖先有的是从中东过来的，这种猫是鲁西本地的猫和外来的波斯猫杂交而成，毛比较长，很多都有黄蓝的"阴阳眼"。狮猫按毛色分类有白狮、黑狮、鞭打绣球狮、花狮等。四川的简州猫，则有"四个耳朵"。

波斯猫

袁枚在《子不语》写道："四川简州，猫皆四耳。有从简州来者，亲为余言。"其实是这种猫的耳朵根部有两个小突起，就像是四个耳朵了，民间俗称"大耳听天，小耳听地"。由于简州猫品质优良，被地方官员作为贡品献给皇室，深受皇帝和后宫喜爱。

✳ 小小虫子分类多

要说猫咪的花色多，另一种宠物就有话说了。南宋最后一位权臣贾似道，虽然当官不咋地，但是写了世界上第一本系统论述蟋蟀的著作《促织经》。他按照蟋蟀的形状，将其分为蝴蜂形、蝼蝈形、蜘蛛形、螳螂形、蚱蜢形、玉蜂形、枣核形、灶鸡形、蟑螂形、蝴蝶形、虾脊龟形、龟鹤形、土狗形、土蜂形、枣枝形、蟹踞形、虾青形，足有17种。

按照蟋蟀的颜色分为真红、真黄、真青、真白、真黑、河蟹色、乌鸦色、拖肚黄等。此外还有些比较雅致的称呼，如黑青（明印）、淡青（明声）、虾青（明白）、红黄（明令）、淡黄（箔明）等。

还有些蟋蟀形象比较特殊，如锦蓑衣、肉锄头、金束带、油纸灯等。每一个称呼下面都有一首诗，例如说枣核形的："身如枣核两头尖，左右观来是块砖。往来千遍无辞口，一秋咬败万千千。"

说纸油灯的："头圆腿壮遍身黄，翅滑如油肉带苍。牙钳一对如红色，此物虫中是霸王。"贾似道认为，不同颜色、形状的蟋蟀，战斗能力也不同。

还有些蟋蟀虽然独腿，但是擅长战斗，被称为"铁拐李"。

明代隆庆年间青花云龙纹蟋蟀罐，现藏故宫博物院

✳ 金鱼走向世界

金鱼最早有记载于晋朝，宋代时真正开始大规模养殖。宋朝吴越国刺史丁延赞，可能是历史上最早人工养殖观赏金鱼的人。今天

第五章 古代宠物的生活

中国金鱼已经有 300 多个品种，分属于 4 个类型，都有许多花色。

草种金鱼是金鱼原始类型，与鲫鱼形态相似，呈纺锤形。其他还有龙种鱼、文种鱼和蛋种鱼。

龙种鱼双眼凸出，又叫龙睛鱼，共分 7 个类型：头顶光滑的为龙睛型；头顶部具肉瘤的为虎头龙睛型；鼻膜发达形成双绒球的为龙球型；鳃盖翻转生长的为龙睛翻鳃型；眼球微凸，头呈三角形的为扯旗蛤蟆头型；眼球向上生长的为扯旗朝天龙型；眼球角膜突出的为灯泡眼型。

文种鱼体形比鲫鱼短不少，形状似"文"字。有的头上有肉瘤，被称为高头，从其肉瘤的生长部位和发达程度还可以分为鹅头型高头和狮头型高头两种类型；有的鱼鳞也有凸起，似粒粒珍珠；有的身体白色、鱼鳍红色，被称为五鳍相逢。

蛋种鱼又叫鸭蛋鱼，体短而肥。据清代姚元之《竹叶亭杂记》所载："蛋鱼，此种无脊刺，圆如鸭子。其颜色花斑均如龙睛，唯无墨色，睛不外突耳。"

据清代拙园老人的《虫鱼雅集》记载，还有一种龙背鱼，介于蛋种鱼和龙种鱼之间。

还有的金鱼鳃外翻，称为翻鳃，雅称"卷珠帘"。金鱼的眼睛也有很多种，如水泡眼、望天眼、蛤蟆眼等。

金鱼种类：1.金鲫类 2.文金类
3.龙金类 4.蛋金类 5.龙背金类

出自：《河北渔业》2016 年第 9 期
《金鱼起源及遗传多样性研究进展》一文，作者为姚红伟、吴明、石建香

　　以上这些对宠物的分类，说明古人对这些宠物有过真正研究，并通过自然发现和人工培育，让这些宠物出现了五花八门的品类。这不仅表达出古人对于宠物的爱，也是人类生活水平逐渐提高的表现。试想如果在非常艰难的时代，面对各种动物，人们也只有"能好怎"的想法了。

中国古代的天价宠物

给宠物定价，是个难题。大部分养宠物的人是不舍得卖掉自己心爱的动物的，就像《茶馆》中爱养黄雀的松二爷说"我饿着，也不能叫鸟儿饿着"。那么在古人的心中，可心的宠物到底有多少实际价值呢？

✱ 王羲之：一篇书法换一群鹅

据《晋书·王羲之传》记载："又山阴有一道士好养鹅，羲之往观焉，意甚悦，固求市之。道士云：'为写《道德经》，当举群相赠耳。'羲之欣然写毕，笼鹅而归，甚以为乐。"大致是说，王羲之很喜欢鹅，看到有一个道士养了一群鹅，非常想买下来。可是道士不卖，提出只要王羲之给他抄写《道德经》（一说《黄庭经》）就可将鹅相赠。于是王羲之用这幅字换了一群鹅。李白在《送贺宾客归越》一诗中写道："镜湖流水漾清波，狂客归舟逸兴多。山阴道士如相见，应写黄庭换白鹅。"王羲之抄写的经书，后来就被称为《换鹅帖》。

晉右軍王羲之書

太上玄元道德經

上篇

道可道非常道名可名非常名無名天地之始有
名萬物之母故常無欲以觀其妙常有欲以觀
其徼此兩者同出而異名同謂之玄玄之又玄眾
妙之門

王羲之《道德经》拓片（局部）

一群鹅的价值，现在也就几千块钱，而王羲之的这一篇字有多少价值呢？贞观年间，褚遂良向唐太宗进献王羲之的小楷《道德经》的拓片，全文 5162 字一字未损，足足有 7 米长，加上褚遂良的跋文，总价值难以估量。此后这幅书法拓片被历代皇室收藏，清末又流落到美国。我们可以根据王羲之其他拍卖的作品来估量一下它的价值：2010 年 11 月 20 日在北京举行的中国嘉德 2010 秋季拍卖会"秋光万华——清代宫廷艺术集萃"专场中，绢本墨迹草书《平安帖》以三亿零八百万元人民币成交，要注意，这还不是王羲之的真迹，仅仅是王羲之作品的宋代摹本。该摹本纵 24.5 厘米，横 13.8 厘米，共 4 行，41 字，平均 1 个字 751 万元。如果王羲之真迹出土，将会是多高的天价！

✳ 嘉靖皇帝：猫咪能换官

　　明朝的嘉靖皇帝是以藩王的身份入京继位的，在初期受到了不少大臣的挤对，性格也相对孤僻很多。他有很多特别的习惯，比如有话不直说，而让大臣们猜字谜。更为人熟知的是，他不仅爱修仙练道，而且还是史上第一爱猫的猫奴皇帝。他有多宠爱自己的猫呢？嘉靖皇帝有一只爱猫名为霜眉，霜眉死后，嘉靖为其造碑立冢，名之为"虬龙冢"，冢旁边的那棵参天巨树，名之为"虬龙柏"。

《万历野获编》记载：嘉靖皇帝的宠物"狮猫"死后，嘉靖帝痛惜不已，命巧匠为"狮猫"精心打制一口黄金棺材，葬在万寿山，还诏命一些大臣写文章超度这只猫。侍讲学士袁炜在祭文中写了一句"化狮作龙"，颇为嘉靖帝赏识，被提拔为少宰，官升一品，进入内阁。如果袁炜敢写日记的话，他一定会万分感谢那位去世的"猫大人"。袁炜从小就才思敏捷，5岁的时候，有人出上联"书生寻石蟹"，袁炜应声对出下联"学士跨金龙"。

写文祭奠猫的人都能升官，那猫本身的待遇也就可想而知了。据明末宦官刘若愚记载，皇帝钟爱的猫都有名分，称作"猫管事"，可以随同内官一起领赏。公猫叫"某小厮"，母猫叫"某丫头"，阉割的宫猫称"某老爹"。以乾明门饲养的12只猫为例，这些猫每年要消耗精猪肉1700多斤，猪肝平均1天1副。从口彩的角度来说，猫谐音为耄，八九十岁称耄，寓长寿之意。画中同时出现猫蝶之景，为耄耋的谐音，也象征长寿。

嘉靖皇帝爱养猫是有传承的，他的祖上宣德皇帝不仅爱斗蛐蛐，还喜欢养猫，宣德帝的《花下狸奴图》就展现了自己养的小猫玩耍的场景。宣德皇帝的艺术造诣达到了书画家的级别。史书记载，他"书法能于圆熟之外，以遒劲出之。尤工绘画，山水、人物、走兽、花鸟、草虫均佳"。宣德皇帝的作品虽然没有王羲之的贵，但是拍卖价格也不容小觑，他临摹的《御临黄筌花鸟卷》于辽宁中正2007年春拍成交价为132万元，而他的宣德御制澄泥浮雕狮纹蟋蟀盆则在北京嘉德拍卖行以高估价920万元成交，这个蟋蟀的住房，按照单位面积来算，差不多0.0154平方米920万元，也就是1平方米接近6亿元！

［明］朱瞻基（明宣宗）《花下狸奴图》（局部）

明宣德年间宫廷画师商喜《戏猫图》

✳ 曹彰：美女换骏马

　　曹彰是曹操的儿子中战斗力最强的，《三国志》中说其"少善射御，膂力过人，手格猛兽，不避险阻"。和擅长文学的曹丕、曹植完全不是一个画风，倒是和张飞、典韦很接近。唐李冗《独异志》记载："后魏曹彰，性倜傥。偶逢骏马，爱之，其主所惜也。彰曰：'余有美妾可换，唯君所选'。马主因指一妓，彰遂换之。马号曰白鹘。后因猎，献于文帝。"大致意思是，曹彰有一次看到一匹好马，非常喜爱，用身边的漂亮歌姬换了这匹马。要知道，他的父亲和兄弟——"三曹"——都是对美女非常热衷的，这让曹彰看上去根本就不像是曹家的一分子。作为曹操的儿子，曹彰肯定不缺钱，而骏马在马主人心中是无价之宝，只能用另一个无价之宝来换了。所以在马主的心目中，骏马约等于美女；而在曹彰心目中，骏马的价值大于美女。

曹彰这种用人换马的行为，历来被大多数人批评。明代吴从先的《小窗自纪》中提到："得不偿失者，弹雀之隋珠；物重于人者，换马之爱妾。是皆颠倒于一念，遂难语以情之正也。"南朝梁简文帝作诗《和人爱妾换马》批评曹彰："真成恨不已，愿得路傍儿。"而诗人们更喜欢将这种交换反过来。白居易《酬裴令公赠马相戏》："安石风流无奈何，欲将赤骥换青娥。"刘禹锡《谢宣州崔相公赐马》："曾将比君子，不是换佳人。"苏轼《次许冲元韵送成都高士敦钤辖》："坐看飞鸿迎使节，归来骏马换倾城。"陆游《山中夜归戏作短歌》："骏马不用换美妾，名酒不用博凉州。"罗虬《比红儿诗》之二六："舍却青娥换玉鞍，古来公子苦无端。莫言一匹追风马，天骥牵来也不看。"看来在诗人们心中，人确实比马重要很多。

宠物的价值，不仅仅在于它本身的价钱，也在于它和人之间的互动，和人对其发自内心的喜爱。当然，没有最喜欢，只有更喜欢。

为马写过《白马篇》的李白，也有用五花马换美酒的时候。为自己的爱好买单，难以用具体的数字来衡量。

参考文献

[1]（后晋）刘昫等.旧唐书 [M].北京：中华书局，1975.

[2]（宋）欧阳修等.新唐书 [M].北京：中华书局，1975.

[3]（宋）司马光.资治通鉴 [M].北京：中华书局，2009.

[4]（宋）王溥.唐会要 [M].上海：上海古籍出版社，2006.

[5]（唐）李林甫等.陈仲夫点校.唐六典 [M].北京：中华书局，2014.

[6]（元）脱脱等.宋史 [M].北京：中华书局，1985.

[7]（唐）段成式等.酉阳杂俎 [M].北京：人民美术出版社，1964.

[8]（唐）张彦远.俞剑华注释.历代名画记 [M].南京：江苏美术出版社，2007.

[9]（五代）王仁裕，（唐）姚汝能.曾贻芬点校.开元天宝遗事：安禄山事迹 [M].北京：中华书局，2006.

[10]（晋）陈寿.三国志 [M].北京：中华书局，2011.

[11]（战国）左丘明.左传 [M].北京：中华书局，2022.

[12]（汉）司马迁.史记 [M].北京：中华书局，2022.

[13] 吴孟雪.明清时期欧洲人眼中的中国 [M].北京：中华书局，

2000.

[14]（清）纪昀 . 阅微草堂笔记 [M]. 北京：中华书局，2016.

[15]（宋）宋慈 . 洗冤集录 [M]. 北京：中华书局，2023.

[16]（清）上疆村民 . 宋词三百首 [M]. 北京：中华书局，2003.

[17]（汉）许慎 . 说文解字 [M]. 北京：中华书局，2023.

[18]（南朝宋）刘义庆 . 世说新语 [M]. 北京：中华书局，2022.